religión católica

proyecto **Emaús**

3

Javier Cortés
Miguel Ángel Cortés
Samuel Forcada

ecundaria

PPC

sm

Así es este libro

PÁGINAS INICIALES

3

La Biblia, un libro sagrado

Sabías que...

Para dialogar

Lo que vamos a estudiar

Para SITUARNOS ante el tema que se va a tratar.
Para saber LO QUE CONOCEMOS sobre la materia.
Para MOTIVAR al estudio de los nuevos contenidos.

DESARROLLO DE CONTENIDOS

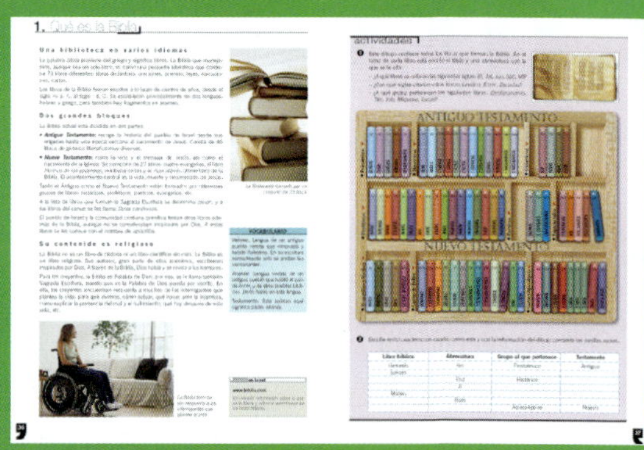

Desarrollo sistemático y organizado de los contenidos que se tratan en la unidad didáctica.

SÍNTESIS Y ACTIVIDADES COMPLEMENTARIAS

Contiene ejercicios de síntesis y evaluación, así como actividades cuya resolución ayuda a complementar lo estudiado.

DOSSIER

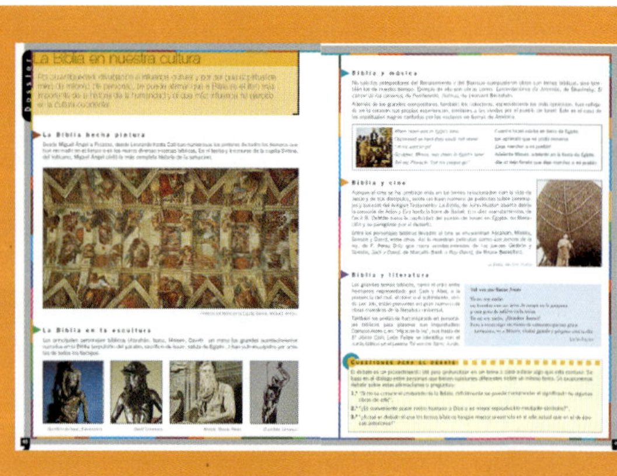
La Biblia en nuestra cultura

Una especie de revista donde se trata de manera monográfica un tema relacionado con los contenidos de la unidad didáctica.

Con imágenes sugerentes

y cuestiones para el debate

Imágenes para ser analizadas

con pautas para desarrollar el trabajo

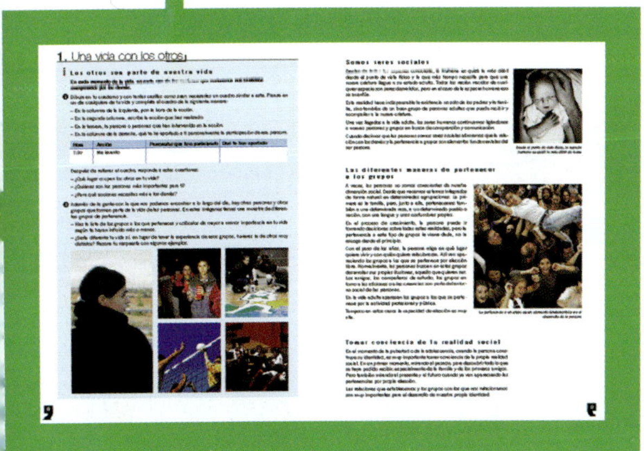

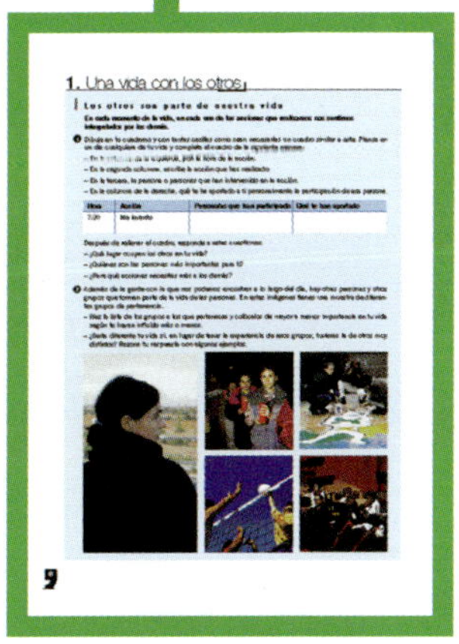

Propuestas de trabajo

y desarrollo de contenidos

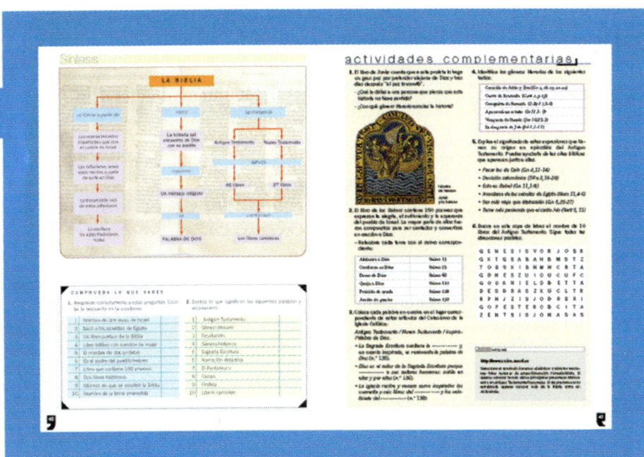

Actividades diversas para complementar el trabajo realizado

Actividades

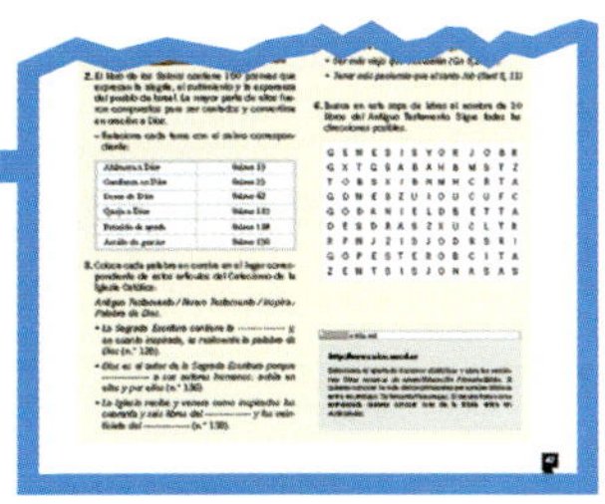

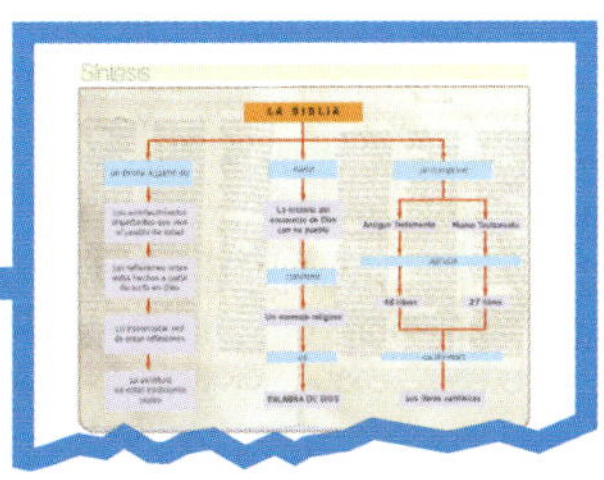

Ejercicios de relación y autoevaluación

Síntesis del tema en forma de mapa conceptual

Lo que vamos a estudiar

EL TEMA DE ESTUDIO

Jesús y María. Capilla "Redemptoris Mater"

Lo que vamos a estudiar en este curso lo podríamos describir como la historia más importante del mundo porque en ella está involucrada la humanidad entera.
El protagonista principal de este acontecimiento es el mismo Dios que se hace hombre para vivir entre los hombres y animar a todo el mundo a que viva feliz.
El personaje principal de esta historia se llama Jesús. Para sus seguidores, los cristianos, es hijo de Dios, hermano de todas las personas y salvador de la humanidad.
No es un intelectual, pero sus conocimientos son amplios y su mensaje llega a lo más profundo del corazón.
No es un agitador que lance las masas contra supuestos enemigos, sino un constructor que edifica sobre sólidos cimientos.
Sabe actuar con paciencia. Dice siempre la verdad, guste o no guste.
Se vuelca con los sencillos, con los que sufren, con los ignorados por los poderosos.
Es una persona libre que ama con sinceridad y se entrega por entero. Es el maestro.

EL ITINERARIO	UNIDADES DIDÁCTICAS
Las personas nos necesitamos	**Tema 1** No somos islas
Las religiones reúnen a las personas	**Tema 2** Un solo Dios
El Dios cristiano sale al encuentro del hombre en Jesús	**Tema 3** La Biblia, un libro sagrado **Tema 4** El Nuevo Testamento
Sus seguidores comparten una misma vida, una misma fe y un mismo compromiso	**Tema 5** Vida en comunidad **Tema 6** La fe, respuesta de los creyentes **Tema 7** Decidir en libertad **Tema 8** El regalo de la vida
Siguiendo el ejemplo de los primeros cristianos	**Tema 9** La vida de los primeros cristianos
Hasta el final de los tiempos	**Tema 10** Ante todo, esperanza

Índice

OBJETIVOS

Comprender que las personas no solo necesitamos relacionarnos con los otros, sino también amarlos y ser amados por ellos.

Conocer cuál es el proyecto de Dios sobre el ser humano, según la visión de las tres grandes religiones monoteístas.

Comprender que la Biblia es fundamentalmente un libro religioso que transmite un mensaje importante para la humanidad.

Conocer cómo era el país y la sociedad del tiempo de Jesús y analizar el contenido de los libros del Nuevo Testamento.

Comprender que la Iglesia es la comunidad formada por los discípulos de Jesús.

Comprender que la fe cristiana es una relación de amistad con Jesús y que para un cristiano sentirse amado por Cristo da sentido a su vida.

Analizar la jerarquía de valores, actitudes y normas que conforman la vida del cristiano.

Tomar conciencia de cuál debe ser la actitud y el compromiso del cristiano en todo lo referente a la defensa de la vida.

Conocer cómo vivían los primeros cristianos y cómo fueron testigos y mensajeros de las enseñanzas de Jesús.

Analizar el contenido y significado de los principios fundamentales de la fe cristiana sobre la vida eterna.

1

No somos islas

PARA ALCANZAR UN DESARROLLO PLENO EN NUESTRO CUERPO, EN NUESTRA INTELIGENCIA Y EN LOS AFECTOS, LAS PERSONAS NECESITAMOS DE LOS DEMÁS. CRECER EN VALORES COMO LA CORDIALIDAD O LA AMISTAD NOS AYUDA A TENER UN MUNDO DE RELACIONES AMPLIO Y SÓLIDO.

Sabías que ...

- La inmensa mayoría de las especies animales desarrollan comportamientos de grupo y, por tanto, utilizan algún tipo de comunicación.
- El lenguaje constituye la manifestación de la gran diferencia entre los seres humanos y los animales porque nos permite nombrar y comunicarnos.
- Desde la época de los filósofos griegos se ha considerado la sociabilidad como una de las características más representativas de los seres humanos.

Para dialogar

- Observa las imágenes de estas dos páginas. Representan situaciones de la vida de las personas. ¿Crees que estas situaciones son contradictorias en la vida?
- ¿Qué significa que las personas somos seres sociales?
- ¿Hasta qué punto las personas somos el fruto de quienes nos rodean?

Lo que vamos a estudiar

→ Un análisis de los grupos a los que vamos perteneciendo en la vida.

→ Dos de los grupos más significativos en la vida de las personas: la familia y los amigos.

→ La dimensión social de la vida de las personas.

1. Una vida con los otros

Los otros son parte de nuestra vida

En cada momento de la vida, en cada una de las acciones que realizamos nos sentimos interpelados por los demás.

1. Dibuja en tu cuaderno y con tantas casillas como sean necesarias un cuadro similar a este. Piensa en un día cualquiera de tu vida y completa el cuadro de la siguiente manera:
   - En la columna de la izquierda, pon la hora de la acción.
   - En la segunda columna, escribe la acción que has realizado.
   - En la tercera, la persona o personas que han intervenido en la acción.
   - En la columna de la derecha, qué te ha aportado a ti personalmente la participación de esa persona.

Hora	Acción	Persona/as que han participado	Qué te han aportado
7:30	Me levanto		

   Después de rellenar el cuadro, responde a estas cuestiones:
   - ¿Qué lugar ocupan los otros en tu vida?
   - ¿Quiénes son las personas más importantes para ti?
   - ¿Para qué acciones necesitas más a los demás?

2. Además de la gente con la que nos podemos encontrar a lo largo del día, hay otras personas y otros grupos que forman parte de la vida de las personas. En estas imágenes tienes una muestra de diferentes grupos de pertenencia.
   - Haz la lista de los grupos a los que perteneces y colócalos de mayor a menor importancia en tu vida según te hayan influido más o menos.
   - ¿Sería diferente tu vida si, en lugar de tener la experiencia de esos grupos, tuvieras la de otros muy distintos? Razona tu respuesta con algunos ejemplos.

Somos seres sociales

Dentro de todas las especies conocidas, la humana es quizá la más débil desde el punto de vista físico y la que más tiempo necesita para que una nueva criatura llegue a su estado adulto. Todos los recién nacidos de cualquier especie son seres desvalidos, pero en el caso de la especie humana eso se acentúa.

Esta realidad hace indispensable la existencia no solo de los padres y la familia, sino también de un buen grupo de personas adultas que pueda recibir y acompañar a la nueva criatura.

Una vez llegados a la vida adulta, los seres humanos continuamos ligándonos a nuevas personas y grupos en busca de comprensión y comunicación.

Cuando decimos que las personas somos seres sociales afirmamos que la relación con los demás y la pertenencia a grupos son elementos fundamentales del ser persona.

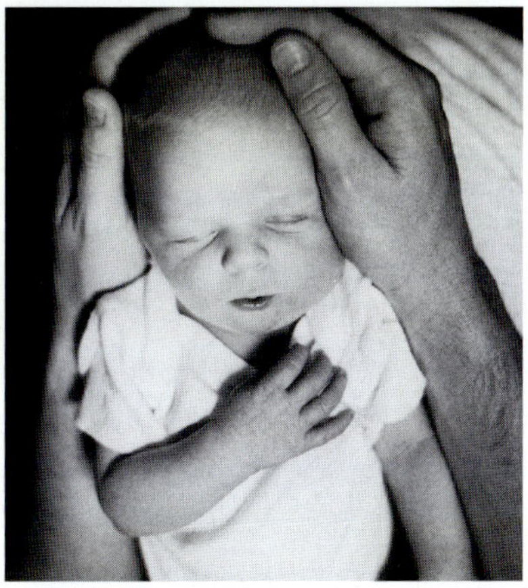

Desde el punto de vista físico, la especie humana es quizá la más débil de todas

Las diferentes maneras de pertenecer a los grupos

A veces, las personas no somos conscientes de nuestra dimensión social. Desde que nacemos estamos integrados de forma natural en determinadas agrupaciones. La primera es la familia, pero, junto a ella, pertenecemos también a una determinada raza, a un determinado pueblo o nación, con una lengua y unas costumbres propias.

En el proceso de crecimiento, la persona puede ir tomando decisiones sobre todas estas realidades, pero la pertenencia a este tipo de grupos le viene dada, no la escoge desde el principio.

Con el paso de los años, la persona elige en qué lugar quiere vivir y con quién quiere relacionarse. Así van apareciendo los grupos a los que se pertenece por elección libre. Normalmente, las personas buscan en estos grupos desarrollar sus propias ilusiones, aquello que quieren ser. Los amigos, los compañeros de estudio, los grupos en torno a las aficiones o a las creencias son parte del entorno social de las personas.

En la vida adulta aparecen los grupos a los que se pertenece por la actividad profesional y pública.

Tampoco en estos casos la capacidad de elección es muy alta.

La pertenencia a un grupo es un elemento fundamental para el desarrollo de la persona

Tomar conciencia de la realidad social

En el momento de la pubertad o de la adolescencia, cuando la persona construye su identidad, es muy importante tomar conciencia de la propia realidad social. En un primer momento, mirando al pasado, para descubrir todo lo que se haya podido recibir, especialmente de la familia y de los primeros amigos. Pero también mirando al presente y al futuro cuando ya van apareciendo las pertenencias por propia elección.

Las relaciones que establecemos y los grupos con los que nos relacionamos son muy importantes para el desarrollo de nuestra propia identidad.

2. La familia, el punto de partida

La familia, el primer grupo de convivencia

La presencia de la familia en la sociedad es tan fuerte que quizás no nos hayamos fijado suficientemente en la importancia que tiene.

1 Dibuja en tu cuaderno y con tantas casillas como sean necesarias un cuadro similar a este y rellena las casillas. Después, elabora un pequeño trabajo sobre la historia de tu familia.

- Un árbol genealógico que alcance hasta donde puedas recordar.
- Un cuadro en el que se recojan los diferentes lugares de donde proceden tus antepasados y también los diferentes lugares donde haya vivido tu familia.
- En el mismo cuadro, señala las diferentes habilidades o destrezas que se han dado y se dan en los miembros de tu familia.
- Por último, en otra columna puedes poner alguna o algunas características que, en tu opinión, pueden definir a tu familia.

Vínculo familiar	Lugar de procedencia	Habilidades o destrezas	Características
Padre			
Madre			
Abuelo materno			

2 Esta canción intenta reflejar el dolor y la situación de una madre frente a un hijo suyo que tiene problemas con las drogas.

- ¿Cuáles son los sentimientos de la madre que se reflejan en la canción?
- ¿Crees que los lazos familiares son verdaderamente intensos?
- ¿Crees que la educación familiar es determinante en la vida de las personas?

La madre

Nada que ver con la común historia:
nadie me quiere y todas esas cosas.
Ella fregaba suelos, nunca se compró ropa.
Por darle un buen colegio multiplicó las horas.
Cuál sería el instante, quién le enseñó esas cosas,
cuando probó la muerte y amaneció entre sombras.

Qué te puedo dar que no me sufras.
Qué te puedo dar que no te hundas,
que no vea en tus ojos reflejos de cristal
que me mata tu angustia, que me puede tu mal.

Quiso ayudarle, sin saber ni cómo;
y, aunque no pudo, fue vendiendo todo;
pero todo era poco para un saco sin fondo.
Un golpe a una farmacia, algún pequeño robo.

Con un último esfuerzo le compró la más pura
y, al mirarle a los ojos, se le borró entre brumas.
Él creyó que soñaba en el fugaz instante
en que acabó su tiempo abrazado a la madre.

VÍCTOR MANUEL, en *Qué te puedo dar*

El grupo familiar es el más importante de todos a los que pertenecemos a lo largo de la vida

Más allá de los genes

La primera realidad que nos entregan nuestros padres es nuestra constitución fisiológica. Nuestro cuerpo surge del encuentro de dos dotaciones genéticas que desarrollan un nuevo y único ser. Nuestro cuerpo procede directamente del cuerpo de nuestros padres.

Sin embargo, la aportación de los padres a la vida de los hijos va mucho más allá. Los genes determinan nuestra apariencia, el desarrollo de nuestro físico, pero cada persona es mucho más que el desarrollo de su propio cuerpo. El cuerpo constituye la base sobre la que más tarde actuarán los otros elementos educativos, que son mucho más relevantes. La dotación genética está más relacionada con el temperamento. La educación que actúa sobre ella configura a la persona en todas las demás dimensiones.

La educación familiar

El ambiente familiar es el lugar donde el niño se descubre a sí mismo y desde donde descubre el mundo. Los padres son el primer punto de contacto con todo su entorno. En ese contexto, el niño adquiere los hábitos que constituirán su propia personalidad. Con el tiempo, además de los hábitos, se adquieren también los valores y la forma de ver la vida.

No existe la educación familiar perfecta porque todo en la vida de las personas tiene sus luces y sus sombras. Por eso es muy importante en algunos momentos, especialmente cuando queremos construir nuestra propia identidad, tomar conciencia de lo que ha sido nuestra historia y nuestra educación familiar, para agradecer todo lo que hemos recibido y afrontar los retos de nuestra propia personalidad. El grupo familiar es el más importante de todos a los que pertenecemos.

La pertenencia a la familia evoluciona a lo largo de la vida, pero siempre constituye uno de los lazos fundamentales de las personas. Cuando se es niño, la dependencia es total; al crecer y ganar en autonomía, esa dependencia directa disminuye, aunque se mantienen vínculos afectivos muy importantes. Los momentos más difíciles en la integración familiar de los hijos se suelen dar durante la pubertad y la adolescencia, cuando las personas quieren definir sus propias opciones personales.

en la red

www.vivirenfamilia.net

Página con información y asesoramiento acerca de la familia para contribuir a su mejor desarrollo.

www.mtas.es

Página del Ministerio de Trabajo y Asuntos sociales. En el apartado de la *Secretaría de Estado de Servicios Sociales, familias y dicapacidad* se encuentra información diversa sobre formación y ayuda a la familia.

3. Las amistades

Crecemos junto a nuestros amigos

El respeto mutuo y un espíritu de sinceridad favorecen el desarrollo de la amistad.

❶ Lee estas características del buen amigo. Están escritas por jóvenes e intentan reflejar el ideal de lo que es una buena amistad.

- ¿Crees que esta lista recoge bien las características de un buen amigo? ¿Por qué?
- ¿Te parece que la amistad es una de las relaciones importantes en la vida?
- ¿Qué crees que aporta la amistad a otras formas de relación como puede ser la familiar?

Características del buen amigo

1. Te acepta como eres y te aprecia por ti mismo.
2. Está junto a ti cuando lo necesitas.
3. Respeta tu forma de pensar y te respeta y valora siempre.
4. Es tu amigo aunque todos te abandonen.
5. Te comprende también en los momentos de enfado.
6. Jamás te traiciona ni habla mal a tus espaldas.
7. No te quiere dominar, te deja que seas libre.
8. Es comprensivo y fiel, y no te quiere por lo que pueda sacar de ti.
9. Sabe perdonarte y pedir perdón.
10. No permite que otros hablen mal de ti.
11. Nunca te dice nada sobre si andas con tal o cual persona.
12. Sabe salvar la amistad después de los enfados.
13. Sabe guardar secretos y es sincero contigo.
14. No te gasta bromas pesadas que puedan molestarte.
15. Te quiere tanto para lo bueno como para lo malo.
16. Te dice los defectos con cuidado y respeto.
17. Sabe sacrificarse por mantener la amistad.
18. Se alegra de tus éxitos como si fueran suyos.

Miguel Ángel Jiménez, *Aprender a ser persona*. Madrid, PPC

❷ Teniendo en cuenta la lista anterior "del buen amigo", haz dos listas. En la primera, elige cinco características que coincidan con tu mejor amigo; pon en la segunda lista las características del que sería tu "amigo ideal".

❸ Elabora una lista contraria a la anterior, en la que reflejes aquello que consideras negativo en un amigo.

Un sentimiento natural

La amistad es un sentimiento natural que emerge cuando las personas nos relacionamos. Podemos conocer a muchas otras personas, pero solo con alguna de ellas surge un deseo de conocimiento y relación.

Nos sentimos bien con otras personas, no sabemos por qué, y deseamos iniciar una relación más intensa. Cuando esa relación se desarrolla y afianza, descubrimos que hay sintonía en gustos, opiniones, aficiones y pareceres. Encon-tramos en el amigo o en la amiga un eco de nuestra propia vida. Todo aquello que sentimos y que vivimos se amplía porque lo compartimos. No estamos solos.

En las amistades encontramos los cómplices para vivir aquella parte de la vida que nos es más propia, en la que no entra cualquier persona, ni siquiera a veces la propia familia.

En el amigo o la amiga encontramos un eco de nuestra propia vida

Las amistades nos ofrecen un espacio de confianza y libertad donde poder ser nosotros mismos. Ese es el gran regalo de la amistad.

Que hay que cultivar y cuidar

Aunque la amistad nace de ese sentimiento natural de simpatía que nos lleva a desear el contacto con determinadas personas, no es fácil desarrollar buenas y auténticas amistades.

Una amistad de calidad aporta en primer lugar calidez afectiva; nos sentimos a gusto con los amigos y amigas. Además, este tipo de amistad perdura en el tiempo, nos acompaña siempre en los momentos fáciles y difíciles, nos da la oportunidad de comunicar lo profundo que la persona lleva dentro.

Para conseguir vivir ese tipo de amistades no basta con sentir ese primer impulso de simpatía. Hay que comprometerse en cuidarlo con esfuerzo aprendiendo a estar atento a lo que los amigos puedan estar viviendo y tomando muchas veces la iniciativa.

Junto con la familia y la vida de pareja, las amistades constituyen un elemento fundamental en la configuración de la identidad y de la vida de las personas. Es mucho lo que podemos recibir a lo largo de la vida de unos buenos amigos. De ahí la importancia de procurar unas amistades que conecten con nuestros mejores ideales.

Es mucho lo que a lo largo de la vida podemos recibir de unos buenos amigos

4. La dimensión social de las personas

Formamos parte de la sociedad

La sociedad es el medio donde transcurre nuestra actividad. Entre todos construimos el tipo de sociedad que queremos.

1 Lee este texto. Representa una situación imaginaria, pero puede servir para profundizar en la necesidad que todos tenemos de vivir con los otros.

– Enumera algunas de las cosas maravillosas que esa persona no podría llevar a cabo si estuviera sola.

– ¿Crees que una persona que creciera sola, sin contacto con otros, llegaría al mismo nivel de desarrollo personal que si estuviera acompañada?

– ¿Crees que hay cosas importantes de la vida que podríamos aprender sin tener contacto con otras personas? Concreta tu respuesta.

Nadie contesta

Imagina que un día, al levantarte, todo está parado y no ves a nadie a tu alrededor. Intentas encender la luz, pero no funciona. Tampoco hay sintonía en la radio. Llamas a tus padres y solo escuchas silencio.

Te encoges de hombros y sales a la calle. Allí está todo en orden, pero... no hay gente.

Los supermercados están abiertos, y los bares, y las tiendas de moda, pero nadie despacha, nadie vigila. Te frotas las manos de contento y piensas que, por fin, puedes conseguir todo sin dinero. Por un momento echas de menos a tus amigos, pero solo por un momento, porque piensas que ahora, con todas las cosas a tu servicio, puedes disfrutar de lo lindo.

Vas al parque y está sin gente. Te acercas a la zona deportiva, pero no hay nadie con quien jugar.

Empiezas a aburrirte y decides volver a casa para ver la televisión, pero la pantalla permanece en negro.

Desesperado, te levantas, abres la ventana y gritas en espera de respuesta, pero nadie te contesta. No hay respuesta, dentro y fuera todo es silencio, soledad, y así un día y otro día...

2 La letra de estas dos canciones nos habla de gentes diversas y de la necesidad que todos experimentamos de encontrarnos con los demás para vivir.

– Describe las personas y las diferentes situaciones que nos presentan.

– ¿Qué sentimientos expresa Pedro Guerra en ellas? ¿Qué tipo de sociedad reflejan estas canciones? ¿Qué es lo importante para su autor? ¿Y para ti?

Gente sola

Hay gente en la cola de todos los cines,
gente que llora, gente que ríe,
gente que sube, que baja de un coche,
gente en el Rastro y en los ascensores,
gente en la guagua, en el Metro,en la lluvia,
en un árbol, gente en la cuesta desnuda,
gente con sombra, con dudas, que añora y que ayuda,
gente que vive a la moda,
que viene y que va, pero que sola está.
Hay gente que sueña, que abraza a otra gente,
gente que reza y luego no entiende,
gente durmiendo en el borde del río,
gente en los parques, gente en los libros,
gente esperando en los bancos de todas las plazas,
gente que muere en el borde de cada palabra,
gente que cuenta las horas,gente que siente que sobra,
gente que busca a otra gente en la misma ciudad,
pero que sola está.

Pasa

Aquí hace menos frío que en la calle,
los labios para un beso
oídos para un sueño,
la brisa que precisa tu dolor.
Pasa, entra y siente que hay quien duda como tú
pero se abraza a lo que tiene
y se levanta con la fuerza que le queda.
Pasa, entra y siente que hay quien duda como tú,
pero no tiene más canción
que la que sabe y la cantó
y si no la sabe tararea...

PEDRO GUERRA, en *Tan cerca de mí*

Una vida recibida

Las personas con las que hemos vivido han dejado su huella en nosotros

El camino que hemos recorrido a lo largo de este capítulo nos conduce a una primera constatación muy importante: gran parte de lo que somos, desde nuestro cuerpo hasta nuestra forma de ser y de pensar, procede de otras personas, nos ha venido dado desde fuera. La vida la vivimos cada uno de nosotros, pero en el fondo es un regalo, es un don.

De nuestros padres y nuestra familia hemos recibido ese don, pero todas aquellas personas que de alguna manera han convivido con nosotros desde que nacimos han participado de este regalo.

Todas y cada una de las personas que han interactuado con nosotros a lo largo de nuestra vida han dejado su huella en nosotros de una u otra manera.

Todo eso que hemos recibido, cada uno de nosotros lo conduce y lo desarrolla a lo largo de la vida a partir, sobre todo, de las elecciones que vamos haciendo. Así se construye nuestra identidad personal.

Por eso es muy importante acoger nuestra vida, lo que somos, como un gran don que se pone en nuestras manos para que lo desarrollemos en un proyecto de vida que valga la pena.

No podemos crecer solos

Esto es así en la vida de las personas porque todos poseemos una dimensión social, de apertura, constitutiva de nuestro ser. Nuestra identidad y nuestro ser los construimos cada uno, pero siempre a partir de lo que nos ha venido de fuera y de todas las relaciones que vamos estableciendo a lo largo de la vida.

Sin los demás, sin los otros, sin abrirnos a lo que se nos entrega, no podemos llegar a un auténtico desarrollo personal.

FRANCO ZEFFIRELLI, *Jesús de Nazaret*

La relación de Jesús con las personas, como en el caso de María Magdalena, sirve de ejemplo a sus seguidores

Dios, el "otro" que nos visita

Esta dimensión de apertura que todas las personas poseemos no se limita a nuestras relaciones humanas. La persona también está abierta a la presencia de Dios. El Dios cristiano también toma la iniciativa y sale al encuentro de las personas para establecer con ellas auténticas relaciones afectivas y espirituales.

Dios también quiere entrar en el círculo de las relaciones que cada persona tiene en su vida. Aceptar esta nueva relación abre un mundo nuevo de posibilidades porque la relación que Dios quiere establecer con los seres humanos siempre busca lo mejor para cada una de las personas.

El ejemplo más claro de cómo es esta relación que Dios quiere establecer con cada persona lo encontramos en el evangelio, en el modo en que Jesús establecía relaciones con todos aquellos con quienes se encontró a lo largo de su vida.

Síntesis

COMPRUEBA LO QUE SABES

1. Estas frases resumen lo visto en la unidad. Coloca en el lugar correspondiente las palabras en cursiva.

crecer, sociales, familia, grupos, encuentro, amistad, indispensables, confianza

– Somos seres ______.

– Nuestros padres y un buen grupo de personas adultas son ________ para nuestro crecimiento.

– La relación con los demás y la pertenencia a ______ son elementos fundamentales del ser persona.

– La ______ es el lugar donde el niño se descubre a sí mismo.

– La ______ exige ______, donde poder ser nosotros mismos.

– No podemos ______ solos.

– Dios sale al ______ de las personas.

2. Explica lo que significan las siguientes palabras y expresiones aparecidas en esta unidad.

1	Familia	
2	Amistad	
3	Don	
4	Autonomía	
5	Personalidad	
6	Ser social	
7	Identidad personal	
8	Capacidad de elección	
9	Educación familiar	
10	Dotación genética	

1. Estas cinco frases sobre la amistad han sido acuñadas por personajes de distintas épocas. ¿Cuál de ellas te parece la más acertada? ¿Por qué?

– Elabora una frase sobre lo que para ti es la amistad. Coméntala con tus compañeros.

- *La amistad es un alma que habita en dos cuerpos; un corazón que habita en dos almas.* Aristóteles
- *La amistad duplica las alegrías y divide las angustias por la mitad.* F. Bacon
- *La verdadera amistad es una planta de desarrollo lento.* G. Washington
- *Una amistad sin confianza es una flor sin perfume.* L. Conan
- *Es amigo mío aquel que me socorre, no el que me compadece.* S. Fuller

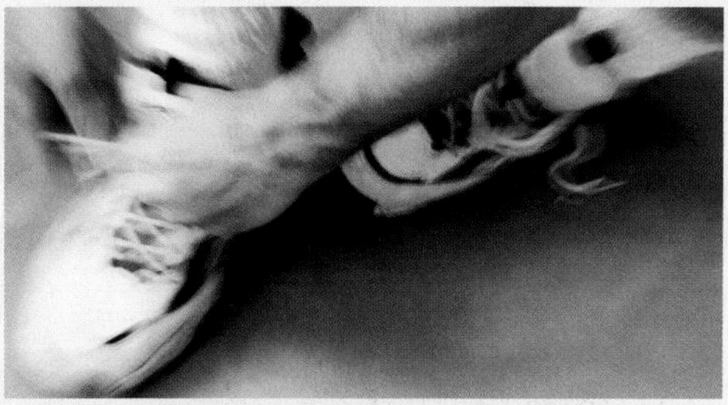

2. Observa los siguientes dibujos.

– ¿Qué expresa cada uno de ellos? ¿Qué critican?

– ¿Qué relación tienen con lo que hemos visto en esta unidad?

– ¿Estás de acuerdo con lo que dicen? Razona tu respuesta.

FRATO, *¡Si no os hacéis como yo!* Madrid, PPC

3. Resuelve este acróstico con palabras que han aparecido en esta unidad didáctica.

1 S _ _ _ _
2 _ E _ _ _ _
3 _ _ _ R _ _
4 _ _ S _ _
5 _ _ O _
6 _ _ _ C _ _ _ _ _ _
7 _ _ I _ _ _
8 _ _ _ _ _ _ A _
9 _ _ _ _ L _ _

1. De esa forma no podemos desarrollarnos como personas. 2. La vida lo es. 3. Son imprescindibles para dar vida a la persona. 4. Para un cristiano, es el ejemplo de cómo relacionarse con los demás. 5. Él sale al encuentro del hombre. 6. Cualidad imprescindible en la amistad. 7. Son parte importante del entorno social de la persona. 8. Las personas forman parte de ella. 9. Primera agrupación a la que pertenece la persona.

4. Lee los siguientes textos del Compendio del Catecismo de la Iglesia Católica y explica el contenido de los mismos a partir de lo que has estudiado en esta unidad.

- *El hombre tiene una dimensión social como componente esencial de su naturaleza y de su vocación.*
- *Hay una cierta semejanza entre la comunión de las Personas divinas y la fraternidad que los hombres deben instaurar entre ellos en la verdad y en la caridad; el amor al prójimo es inseparable del amor a Dios.*
- *La persona es y debe ser principio, sujeto y fin de todas las instituciones sociales.*
- *Algunas sociedades, como la familia y la comunidad cívica, son necesarias para la persona.*

Compendio CIC n.º 401-402

en la red

www.cruzrojajuventud.org

Esta página te ofrece la posibilidad, entre otras, de entrar en contacto con otros jóvenes que trabajan en el voluntariado de la Cruz Roja.

www.caritas.es

Selecciona los apartados *Qué hacemos* y *Cómo colaborar* y encontrarás información sobre el compromiso social que tienen muchas personas con los más desfavorecidos de la sociedad.

Somos, luego existo

La conocida expresión "Pienso luego existo", que resume la filosofía de Descartes, o la contestación dada por Ortega y Gasset a dicha máxima, afirmando que "no existimos porque pensamos, sino al contrario, pensamos porque existimos", están en la base de la expresión "Somos, luego existo", acuñada por el filósofo español José Antonio Marina.

Esta expresión añade a las anteriores un rasgo fundamental en la vida de los seres humanos: el rasgo de la relación, de la comunión, del ser-con-otros.

En este dossier, mediante el testimonio de cuatro jóvenes y unas propuestas para el debate se pretende reflexionar sobre dichas cuestiones.

No pienso y existo

"Dicen que una importante porción de los jóvenes actuales estamos sometidos al pensamiento único, que viene a ser una visión social o una ideología que se pretende exclusiva, natural e incuestionable.

Esta ideología sostiene que la economía, la competitividad y la globalización son los tres aspectos más importantes de la vida.

Para gente como yo,este pensamiento único se traduce inmediatamente del siguiente modo: *Si ya piensan por mí, ¿para qué me voy a esforzar yo en pensar?*

Yo soy de las que opinan que 'no pienso y, sin embargo, existo', es decir, defiendo un modo de ser y de situarme en el mundo que me permite no involucrarme lo más mínimo en pensamientos y decisiones trascendentes. De los trascendentales ni hablamos. Dicen que de este pensamiento único succiono todo cuanto sé; dicen que me hace creerme libre, pero que estoy atada a mil cosas, incluso a la obligación de divertirme... ¿Y? Yo existo aunque no piense".

Jana, 17 años

GEORGE SEGAL, *Hombre junto a la puerta*

Consumo, luego existo

"A mí me encanta la publicidad. Reconozco que soy una diana perfecta porque cosa que anuncian, cosa que quiero comprarme. Nunca tengo dinero porque la paga la fundo al instante, y a veces gasto más de lo que debería, incluso a mi hermano le debo dinero. Me encanta ir a la última y me parece genial lo de las marcas: solo las grandes marcas tienen buenos diseños y buena calidad. No trabajo porque soy estudiante, por lo que mis gastos corren a cargo de mis padres. Me encanta comprar y gastar. No lo puedo evitar (ni quiero). Me gusta esa frase que vi escrita una vez en un dibujo: *Consumo, luego existo*".

Javier, 15 años

ANDY WARHOL, *Estilo de vida 19*

Pienso, luego sufro

SIRO LÓPEZ, *Alegre esperanza me llamo*

"Hay noches en las que cuando veo el telediario, escucho la radio o leo la prensa, siento unas ganas irresistibles de ponerme a llorar. A veces se me humedecen los ojos al ver algunas imágenes o escuchar algunos testimonios de gente corriente como yo.

La realidad en la que vivo y las cosas que suceden a mi alrededor me afectan y me hacen pensar, y el pensamiento me hace sufrir.

Sufro porque hay cosas que suceden, situaciones con las que me encuentro e historias de mis amigos que me sobrepasan, que me cuestionan y no me dejan indiferente. No entiendo cómo puede haber seres humanos que no se detengan ni un instante a pensar lo que está sucediendo en su vida y alrededor suyo.

Quizá, el sufrimiento que arrastran en su propia vida es demasiado fuerte y vergonzante como para tener encima que ponerse a pensar. Hay días que cuando me levanto, espero que alguien se atreva a compadecerse de la vida de los demás.

Pensar en profundidad conlleva irremediablemente sufrir, porque nada de lo que ocurre a mi alrededor me es ajeno".

Landy, 18 años

Te pienso, luego existo

"En mi casa siempre me han dicho que una persona jamás debe perder el respeto a los demás, incluso cuando estos nos son incómodos, molestos o simplemente desconocidos.

JESÚS GAZOL, *Ayuda*

Yo tengo una especie de teoría sobre los otros, que creo que va un poco más allá del respeto.

Los otros me dan la posibilidad de saber que no estoy sola. Ellos me recuerdan que no soy una especie de islote al que nadie puede acercarse y, mucho menos, acampar en él. Ellos me obligan a pensar en lo que ocurre dentro y fuera de mí.

Cuando pienso en los demás, descubro asombrada que existo, que mi vida necesita de ellos para ser lo que es. Cuando ocurre algo, y al llegar a casa lo retomo y me pongo a darle vueltas, me doy cuenta de que existo gracias a los demás en quienes pienso".

Nadia, 17 años

CUESTIONES PARA EL DEBATE

El debate es un procedimiento muy útil para profundizar en un tema o aclarar algo confuso. Se basa en el diálogo entre personas que tienen opiniones diferentes sobre un mismo tema. Al finalizar el dossier de cada unidad encontrarás diversas formulaciones para debatir sobre ellas. Las de este son las siguientes:

1.ª ¿Cuál de estas expresiones refleja mejor la mentalidad de los jóvenes de hoy: *Pienso, luego existo* o *Consumo, luego existo?*

2.ª ¿Quiénes tienen más razón, los que afirman que *El infierno son los otros* o los que dicen *Sin los otros, el mundo sería un infierno?*

3.ª Si el dolor y el sufrimiento existen, ¿cómo se puede explicar la existencia de un Dios?

2

Un solo Dios

LA RELIGIÓN HA ESTADO PRESENTE EN TODAS LAS CULTURAS Y CIVILIZACIONES. ENTRE LAS RELIGIONES, EL JUDAÍSMO, EL CRISTIANISMO Y EL ISLAM CREEN EN UN SOLO DIOS, PERTENECEN AL MISMO ENTORNO CULTURAL Y NACIERON EN ORIENTE MEDIO. SON LAS TRES GRANDES RELIGIONES MONOTEÍSTAS.

Sabías que ...

- La mayoría de las religiones que han existido y existen adoran a varios dioses.
- El 55 % de los jóvenes españoles creen en un Dios personal.
- Judaísmo, cristianismo e islam comparten la veneración por unos mismos personajes como, por ejemplo, Moisés.

Para dialogar

- Observa las fotos de esta página. Todas ellas pertenecen a la ciudad de Toledo. ¿Sabrías distinguir a qué religión -judaísmo, cristianismo o islam- pertenecen estos monumentos?
- ¿Crees que existen diferencias entre la imagen de Dios en estas tres religiones?
- ¿Piensas que hay alguna diferencia entre creer en un Dios personal o creer en una fuerza superior del universo?

Lo que vamos a estudiar

→ Las características de las tres religiones monoteístas en el contexto de las religiones en el mundo.

→ El proyecto de vida que ofrece cada una de las tres religiones monoteistas.

→ La influencia de estas tres religiones en la cultura española.

Abadía de Saint Michel (Francia); *Sinagoga, Catedral y Mezquita del Cristo de la Luz,* Toledo (España)

1. Un Dios o muchos dioses

Religión y religiones

Terminábamos el capítulo anterior haciendo referencia a Dios como un "otro" que también establece relaciones de cara al desarrollo pleno de las personas.

Las diferentes religiones que existen hoy en el mundo y que han existido a lo largo de la historia presentan diferentes rostros de ese Dios.

Las religiones conciben a Dios de un modo distinto. Esa es una de sus características diferenciadoras más significativas.

Para un buen grupo de religiones, Dios es una fuerza que está más o menos ligada a las fuerzas naturales del universo. Para otras, Dios es más bien un estado de paz interior. La imagen que las diferentes religiones tienen de Dios es una de sus características diferenciadoras más significativas.

En este contexto aparece un grupo de tres religiones, ligadas entre sí en su propia historia, que, a pesar de sus diferencias, comparten la idea de que Dios es un ser único y personal. Judaísmo, cristianismo e islam son las religiones llamadas monoteístas, es decir, que creen en un solo Dios.

P. CAULFIELD, *Alfarería*

Las religiones presentan diferentes rostros de Dios

Un Dios único

Aunque, como vamos a ver a lo largo de este capítulo, las imágenes de Dios en estas tres religiones difieren en muchos aspectos, sí que comparten algunos rasgos.

Dios es un Dios único; no hay, por tanto, varios o muchos dioses. Además, es un Dios creador del que todo procede, pero que no se confunde con la Creación.

Es un Dios que toma la iniciativa y que quiere entrar en relación con los seres humanos por medio de hombres y mujeres a los que llama, y, por medio de los cuales, hace llegar su mensaje. Es el caso de Abrahán y Moisés, de María, de Jesús o de Mahoma. Todas estas personas son consideradas como los profetas de Dios.

Una relación personal

En estas religiones Dios es alguien con quien se puede establecer una relación más personal. La relación con Dios es algo más que un cierto sentimiento de presencia de algo superior. Pasa a convertirse en una interacción entre el creyente y ese Dios que ha hablado por medio de sus profetas.

De este modo las personas pueden encontrar en ese Dios la gran posibilidad de desarrollar su propia dimensión social y trascendente.

VOCABULARIO

Religión. Conjunto de creencias y de prácticas relacionadas con lo que se considera sagrado.

Monoteísmo. Creencia religiosa que admite la existencia de un solo dios.

Politeísmo. Creencia o concepción religiosa que admite la existencia de muchos dioses.

actividades

1 A continuación tienes textos de las tres religiones monoteístas: judaísmo, cristianismo e islam.

– ¿Cuáles son las características del Dios que aparece en estos textos? Relaciónalas con lo que hemos estudiado en la página anterior.

– ¿Cuáles son los sentimientos que puede producir en un creyente la relación con el Dios de cada una de estas tres religiones?

Así dice el Señor; el que te creó, Jacob: No temas, que yo te he rescatado, te he llamado por tu nombre y eres mío. Si atraviesas las aguas, yo estaré contigo; los ríos no te anegarán. Si pasas por el fuego, no te quemarás; la llama no te abrasará. Porque yo soy el Señor, tu Dios; el Santo de Israel, tu salvador. He entregado a Egipto, Etiopía y Saba, como precio de rescate por ti; y es que tú vales mucho para mí, eres valioso y yo te amo.

Isaías 43,1-4

Como el Padre me ama a mí, os amo yo a vosotros. Mi mandamiento es este: Amaos los unos a los otros como yo os he amado. Nadie tiene amor más grande que quien da la vida por sus amigos. Vosotros sois mis amigos, si hacéis lo que yo os mando. En adelante, ya no os llamaré siervos, porque el siervo no conoce lo que hace su señor. Desde ahora os llamo amigos, porque os he dado a conocer todo lo que he oído a mi Padre.

Juan 15,9.12-15

Creador de los cielos y de la tierra. Ese es Alá, vuestro Señor. No hay más Dios que él. Creador de todo. ¡Servidle, pues! Él vela por todo. La vista no le alcanza, pero él sí que alcanza la vista. Es el Sutil, el Bien Informado. «Habéis recibido intuiciones de vuestro Señor. Quien ve claro, ve en beneficio propio. Quien está ciego, lo está en detrimento propio. Yo no soy vuestro custodio».

Sura 6,101-104

2 Para conocer con cierto rigor científico lo que es y cómo es una religión, es necesario analizar detalladamente sus creencias y sus estructuras. En esta tabla te proponemos un procedimiento para analizar cada una de las tres grandes religiones que estudiaremos en esta unidad.

– En la columna de la izquierda se encuentran los principales elementos de que consta una religión: Dios, mediaciones, actitud religiosa.

– Después, una serie de preguntas a las que se debe contestar para describir el tipo de religión de que se trata.

– En la tercera columna se responde según sea la religión que se analiza.

Procedimiento para analizar una religión

Elementos religiosos	Cuestiones	Religión que se analiza (judaísmo, cristianismo, islam)
Dios	¿Qué imagen tiene de Dios? ¿Es un Dios personal?	
Mediaciones • Relatos	¿Existe algún libro que contenga relatos de esta religión? ¿Quiénes son los personajes más importantes de esos relatos?	
• Ritos	¿Cuáles son los ritos, celebraciones y fiestas más importantes?	
• Oración	¿Cuáles son las oraciones más representativas? ¿Qué importancia se les da?	
• Moral	¿Cuáles son las principales normas de conducta que propone?	
Actitud religiosa	¿Cómo es la actitud de esa religión para con Dios?	

2. El judaísmo

Un Dios, un pueblo, una ley

En la página anterior hemos visto un procedimiento para analizar una religión. Copia en tu cuaderno el cuadro de ese procedimiento. Ten previstas las columnas para las otras dos religiones de modo que después se puedan comparar.

- Lee atentamente el texto sobre el judaísmo que tienes en estas dos páginas y vete llenando las casillas en blanco del cuadro que has copiado.
- Una vez que hayas completado el cuadro, elabora un breve informe sobre las características principales del judaísmo.

Un pueblo elegido

La elección del pueblo judío por Dios comenzó cuando su antepasado Abrahán emigró de Ur, en Caldea, a Harán, y luego a Canaán. Dios le prometió una gran descendencia: "Haré de ti un gran pueblo y te bendeciré".

Varios siglos más tarde, cuando este pueblo es liberado de la esclavitud de Egipto, Dios renueva la alianza con él: "Vosotros seréis mi pueblo y yo seré vuestro Dios".

Así pues, el pueblo hebreo fue llamado a tener una relación especial con Dios y a cumplir una misión particular con respecto a los demás pueblos: debía ser una "nación santa" que manifestara en su vida que Dios les había elegido y los había liberado de la esclavitud de Egipto.

VERONÉS, *Sacrificio de Abrahán*

Abrahán es, por su fe, padre de todos los creyentes

Una tierra prometida

Dios prometió a Abrahán no solo hacer de él y de sus descendientes una gran nación, sino también darles un país, una tierra. Este territorio –más tarde conocido como Palestina o Israel– estuvo siempre presente en el pensamiento del pueblo judío. Sobre todo en los tiempos de la persecución, los deseos de los judíos se volvían hacia Jerusalén, auténtica ciudad santa para el pueblo.

Una ley

El judío piadoso ha de amar a Dios con todo su ser. Este amor se manifiesta en la obediencia práctica a la ley que Dios ha dado al pueblo. La ley, que los judíos denominan Torá, se encuentra en los cinco primeros libros de la Biblia –el Pentateuco–, que contienen lo que Dios reveló a Moisés en el monte Sinaí. Estos mandatos cubren todo el ámbito de la vida del judío y están resumidos en los diez mandamientos.

Muy relacionado con la ley está el rabino, que en hebreo significa "maestro". Es el doctor de la ley, el que la comenta y la explica. Tras la caída del templo y la práctica desaparición de los sacrificios que eran ofrecidos por los sacerdotes, el poder de estos pasa a los rabinos, que son los que representan a la comunidad judía allá donde se encuentre.

La Torá es el libro sagrado para los judíos y está compuesto por los cinco primeros libros del Antiguo Testamento

Un Dios único

El Dios del judaísmo es un Dios que se comunica, se revela al hombre en la historia y actúa en ella para liberar al pueblo judío. Sus palabras y sus revelaciones se han ido produciendo a lo largo de toda la historia del pueblo: comenzaron con Abrahán, con el que Dios hizo una alianza; siguieron, sobre todo, con Moisés, al que comunicó la ley; más tarde continuaron con los profetas.

El muro de las lamentaciones es un resto del antiguo templo de Jerusalén

Mesías

Para el pueblo judío, Dios ha prometido una liberación definitiva que tendrá lugar en el futuro y que será llevada a cabo por un mesías, un libertador. Los judíos viven con la esperanza de un mesías que vendrá.

Lugares de culto y oración

- El **templo**. El gran templo construido por el rey Salomón en Jerusalén hacia el siglo x a. C. se constituyó pronto en el centro de la vida religiosa de la ciudad. En él se guardaba el arca de la alianza y se ofrecían los sacrificios en las grandes fiestas por parte de los sacerdotes.

El templo fue destruido dos veces: por Nabucodonosor en el año 586 a. C. y por los romanos en el año 70 d. C. En esta fecha se produjo la mayor dispersión de los judíos por todo el mundo.

- La **sinagoga** es el lugar donde se reúnen los judíos para sus oraciones y para la lectura de la ley. Allí acuden especialmente el sábado, que es el día de fiesta para ellos.

Después de la destrucción del templo, la sinagoga asumió el papel de preservar y desarrollar el judaísmo. En las ciudades donde se instalaba una comunidad judía se construía una sinagoga. En torno a ella giraban tanto la vida religiosa como la educación en las tradiciones judías. Así pues, la sinagoga no es tanto un lugar de culto como un edificio para la reunión y la enseñanza.

Ritos y fiestas

- La **circuncisión**. El rito de la circuncisión consiste en cortar el prepucio a los niños, poco después de nacer. Por medio de este rito, el pueblo judío manifiesta que ha sido elegido por Dios. Es como la marca de esa elección en su propia carne. El origen de la circuncisión se remonta a Abrahán.
- El **sábado**. El sábado es el día de fiesta de los judíos, en el que se conmemora el día de descanso de Yavé después de los seis días de la creación. Comienza el viernes por la tarde y acaba el sábado por la noche. Los judíos piadosos se abstienen de cualquier trabajo y acuden a la sinagoga.
- La **Pascua**. La fiesta de la Pascua conmemora la salida de Egipto y la liberación de la esclavitud. Es la gran fiesta de Dios que libera a su pueblo. Se celebra el día 15 del mes de nisán, que habitualmente corresponde con el mes de abril.

CHAGALL, *El Sabbath*

El sábado es el día festivo para los judíos. En él conmemoran el día de descanso de Yavé tras los seis días de la creación

3. El cristianismo

Jesús, el Hijo de Dios

En este momento hacemos una primera aproximación al cristianismo. En los capítulos siguientes estudiaremos de forma más amplia todo lo referente a la religión cristiana, ya que se trata de nuestro tema de estudio y es la religión más extendida en la cultura occidental.

- Lee atentamente el texto sobre el cristianismo que tienes en estas dos páginas y vete llenando las casillas en blanco del cuadro que has copiado.
- Una vez que hayas completado el cuadro, elabora un breve informe sobre las características principales del cristianismo.

Jesús de Nazaret

Hoy nadie duda de que hubo en Judea, en tiempos de Tiberio, en los inicios de nuestra era, un judío llamado Jesús. Muchos vieron en él al mesías prometido al pueblo judío. Este Jesús enseñaba al pueblo y fue ejecutado en tiempos del procurador romano Poncio Pilato, hacia el año 30 de nuestra era.

Con Jesús se inicia el cristianismo. Su vida, su predicación, su muerte y resurrección se narran en los evangelios.

Jesucristo, el mesías anunciado

Los cuatro evangelios –Mateo, Marcos, Lucas y Juan– no son una mera biografía de Jesús, sino la manifestación de una convicción profunda de sus primeros discípulos: Jesús de Nazaret es el mesías anunciado por los profetas, es el Hijo de Dios.

Este Jesús es el Dios hecho hombre que, tras su predicación, fue ejecutado en la cruz y resucitó. Vino a anunciar a todos los hombres, sin exclusión, la buena nueva de la salvación definitiva.

La figura de Jesús es universalmente admirada como modelo de perfección humana, pero el cristiano va más allá reconociendo en él no solo su calidad humana, sino su divinidad. De esta manera, el Dios Yavé del Antiguo Testamento pasa a ser el Dios Padre de Jesús.

Jesús, cuando se dirigía a Dios, le llamaba "Padre", por eso la oración más representativa de los cristianos es el *padrenuestro*.

El mensaje de Jesús

Jesús es el enviado por Dios para proclamar que el reino de Dios está cerca. Este reino ha llegado con Jesús mismo y se hace presente en los corazones de las personas que viven el amor, la justicia, la verdad; en todos aquellos que trabajan por la paz.

Esta es la gran noticia, la "buena noticia": el reino de Dios ya está entre nosotros, es el fruto misterioso de la conversión de los corazones.

Jesús dedica gran parte de su predicación a hablar de este reino –parábolas, discursos, etc.– que de alguna manera ya está presente pero que se manifestará definitivamente en la segunda venida de Cristo, al final de los tiempos.

RUPNIK, *Rostro del salvador*

Jesús es admirado en todo el mundo como modelo de perfección humana, pero el cristiano reconoce no solo su calidad humana, sino su divinidad

La vida del cristiano

Frente a este anuncio de buena noticia, la respuesta que se pide al cristiano es la conversión del corazón. No se trata de actuar según unas normas, sino de entrar en un proceso de cambio personal que lleve a la persona a vivir los valores del reino: amor, justicia, verdad y paz.

Así es como el cristiano va entrando poco a poco en la vida de los "bienaventurados hijos de Dios", hasta llegar, tras la muerte, a la vida eterna junto a Dios, con todos los demás bienaventurados.

Una comunidad llamada Iglesia

Durante su vida, Jesús fue formando una comunidad de discípulos que le acompañaban por tierras de Palestina, escuchando su predicación y contemplando las obras prodigiosas que hacía.

Los apóstoles fueron escogidos por Jesús de entre esos discípulos para que constituyeran el núcleo y el motor de la expansión del cristianismo.

Desde sus principios, el cristianismo es una realidad fuertemente comunitaria. Allá donde fueron, los apóstoles crearon comunidades de cristianos que recordaban las palabras de Jesús y celebraban la eucaristía en medio de un clima de fraternidad.

Navidad y Semana Santa son las fiestas más populares e importantes del cristianismo

Ritos y celebraciones

En el cristianismo, todo hace referencia a Jesucristo. Por eso, la celebración central es el sacramento de la eucaristía, que actualiza la presencia de Jesús resucitado siguiendo su mandato: "Haced esto en memoria mía".

Además del sacramento de la eucaristía, existen en el cristianismo otros seis sacramentos que van jalonando la vida del cristiano desde su nacimiento hasta su muerte.

El domingo es el día de fiesta semanal por ser el día en que Jesús resucitó. Las fiestas anuales más importantes son la Navidad, recuerdo del nacimiento de Jesús, y la Pascua de resurrección, recuerdo de su pasión y muerte (Jueves y Viernes Santo) y de su resurrección (domingo de Pascua).

VOCABULARIO

Hierofanía. Acto de manifestación de lo sagrado. Implica que algo sagrado se nos muestra.

Epifanía. Manifestación o aparición.

Expansión del cristianismo

El cristianismo se extendió con mucha rapidez por el Imperio romano. A partir del siglo IV fue su religión oficial. Desde entonces hasta los últimos dos siglos ha estado muy ligado al desarrollo de la civilización occidental.

El cristianismo tiene una fuerte vocación misionera y es la religión más extendida del planeta. Está presente prácticamente en todos los países del mundo.

A lo largo de los siglos, la comunidad cristiana se ha reunido para celebrar su fe en iglesias de muy diferente estilo

4. El islam

No hay más Dios que Alá

Para el estudio del islam, procede de la misma manera que con el judaísmo y el cristianismo.

- Lee atentamente el texto que tienes en estas dos páginas y vete llenando las casillas en blanco del cuadro que has copiado.
- Una vez realizado el trabajo, elabora un breve informe sobre las principales características del islam.

¿De dónde viene el islam?

El islam se manifiesta como la tercera religión revelada por Dios a los hombres, después del judaísmo y el cristianismo. En realidad no se presenta como una nueva religión, sino que pretende restablecer la primera revelación hecha por Dios a Abrahán, Moisés, David, María y Jesús.

El islam profesa un monoteísmo absoluto: no hay más que un solo Dios, dueño y señor del universo. El musulmán cree en la vida futura y en la resurrección de todos los seres tras un juicio final que determinará quién irá al infierno y quién al paraíso. Solo hay un pecado imperdonable: creer que existe otro Dios que no sea Alá.

El Corán es la palabra de Alá recogida por Mahoma, su profeta

El Corán, libro santo

Corán significa en árabe "recitación". Es la palabra de Alá recogida por Mahoma, su profeta, que la ha transmitido a sus compañeros. En el Corán, Dios habla en primera persona. La tradición musulmana considera el Corán como la obra misma de Dios.

El Corán consta de 6 226 versículos agrupados en 114 capítulos (suras). Fue el tercer sucesor de Mahoma el que puso por escrito toda su doctrina en el año 652, apenas 20 años después de la muerte del profeta.

El Corán constituye para el creyente no solo una referencia religiosa que le dice lo que hay que creer, sino también un código donde se describe todo lo que debe hacer en su comportamiento social. Por eso, en muchos países musulmanes, el Corán es adoptado como la ley que rige en todo el territorio.

Mahoma, el profeta

El islam es la obra de un hombre, Mahoma (Mohamed, en árabe). Mahoma nació hacia el año 570 en La Meca, ciudad de Arabia que vivía del comercio. Se quedó huérfano siendo muy pequeño y pasó su infancia y juventud cuidado por un tío suyo, Abú Tálib. Al principio se dedicó a guiar las caravanas que circulaban por su país camino del Extremo Oriente; así entró en contacto con el judaísmo y con el cristianismo.

Cuando tenía 25 años se casó con una rica viuda, mayor que él, de cuyo matrimonio nació Fátima. Mahoma acostumbraba a retirarse a una gruta para meditar. Una noche del mes de ramadán del año 611 recibió la visita del ángel Gabriel, que le comunicó la misión de ser un profeta.

A partir de ese momento, Mahoma empezó a predicar en La Meca, pero se burlaban de él e incluso le llegaron a amenazar de muerte. En el año 622 marchó hacia la ciudad de Medina, fundó una comunidad y la organizó como un Estado, con su propia ley y su propio ejército. Murió en el año 632, dejando tras de sí una ciudad floreciente, unida y en expansión.

Ascensión nocturna de Mahoma
Miniatura islámica

Los cinco pilares del islam

Todo musulmán debe observar cinco mandamientos básicos:

- **Profesar** que no existe más que un solo Dios y que Mahoma es su profeta. La fórmula que utilizan es: "Yo atestiguo que no hay más Dios que Alá y que Mahoma es su profeta".
- **Orar** cinco veces al día repitiendo textos del Corán, inclinándose en dirección a La Meca. Las cinco oraciones rituales reciben el nombre de la hora en que deben realizarse. La oración comunitaria se lleva a cabo en las mezquitas una vez por semana, los viernes.
- **Ayunar** desde la salida del sol hasta el ocaso en el mes de ramadán. Durante esas horas no se puede comer ni beber.
- **Dar limosna**. Pagar la limosna legal significa que el hombre es depositario de los bienes recibidos. El único propietario es Dios.
- **Peregrinar** a La Meca por lo menos una vez en la vida. Es un acto esencial del culto islámico. Tienen que realizarlo todos, salvo que no se disponga de medios.

El musulmán debe orar cinco veces al día repitiendo textos del Corán

El musulmán debe peregrinar a La Meca al menos una vez en la vida

Ritos

El creyente debe abstenerse de comer carne de cerdo, no beber alcohol, evitar en lo posible fumar, respetar a su padre y a su madre, ser solidario con toda la familia, incluso con los vecinos.

El matrimonio es un deber. Los niños deben ser circuncidados.

La muerte debe ser acogida con valentía y confianza, pues es Dios quien hace nacer o morir. Toda vida debe volver a su fuente, que es Dios. Los difuntos, una vez lavados, son envueltos en un lienzo blanco y enterrados con la cabeza vuelta hacia La Meca.

Las mezquitas musulmanas son solo lugares de culto, ya que el islam no ha desarrollado ningún tipo de rito religioso y, por tanto, no existen sacerdotes.

Fiestas

En un principio, los musulmanes no celebran más que dos fiestas: la primera, para cerrar el mes de ramadán; la segunda, dos meses más tarde, para conmemorar el sacrificio de Abrahán. En la actualidad, cada uno de los países musulmanes ha establecido diferentes fiestas.

Las mezquitas musulmanas son solo lugares de oración ya que no tienen ritos religiosos

Síntesis

COMPRUEBA LO QUE SABES

1. Explica correctamente lo que significan los siguientes términos y expresiones aparecidos en esta unidad.

1	Monoteísmo	
2	Torá	
3	Rabino	
4	Sinagoga	
5	Jesús	
6	Evangelios	
7	Navidad	
8	Corán	
9	Mahoma	
10	Ramadán	

2. Relaciona cada término o afirmación con la religión a la que pertenece.

1	Pentateuco
2	Jesús es Dios hecho hombre
3	La fiesta de la Pascua (día 15 del mes de nisán)
4	Bienaventuranzas
5	Creen en un solo Dios
6	Iglesia
7	Peregrinar a La Meca
8	Viven con la esperanza de un mesías que vendrá
9	Mezquita
10	Pascua de resurrección

Judaísmo

Cristianismo

Islam

actividades complementarias

1. Busca en tu Biblia el decálogo que Dios entregó a Moisés en el Sinaí *(Ex 20,1-17)* y el discurso de las bienaventuranzas pronunciado por Jesús *(Mt 5,3-12)*. A continuación busca en esta unidad los cinco pilares del islam.

- Realiza un cuadro en el que resumas el contenido de las tres enseñanzas.
- ¿Cuál es el mensaje central de cada uno de los textos? ¿Coinciden entre sí?
- Escribe cinco pilares en los que se puede resumir, según tú, la ley de Moisés y cinco pilares en los que se podría resumir la buena noticia de Jesús.

2. Construye la escalera mediante las palabras que vayas descubriendo con las definiciones.

R	1											
E	2											
L	3											
I	4											
G	5											
I	6											
O	7											
N	8											
E	9											
S		M	O	N	O	T	E	Í	S	T	A	S

1.- Dios de los musulmanes. 2.- Libro sagrado para los judíos. 3.- Jesús se lo llama a Dios. 4.- Profeta de Alá. 5.- Patriarca hebreo reconocido por las tres religiones monoteístas. 6.- Lugar donde se reúnen los judíos para sus oraciones y para la lectura de la ley. 7.- Jesús hablaba del reino por medio de ellas. 8.- Su vida, predicación, muerte y resurrección se narran en los evangelios. 9.- Los ritos, las fiestas y los mandamientos lo son.

3. Coloca las siguientes palabras en este texto del Concilio Vaticano II. Reflexiona después sobre lo que dice y escribe tu opinión.

respeto, enseña, inquietud, verdadero, doctrinas, católica, preceptos, verdad, religiones, sagrados

Las demás ______ que se encuentran en el mundo se esfuerzan por responder de varias maneras a la ______ del corazón humano, proponiendo caminos, es decir, _______ , normas de vida y ritos ______. La Iglesia ______ no rechaza nada de lo que en estas religiones hay de santo y ______. Considera con sincero ______ los modos de obrar y de vivir, los ______ y doctrinas que, por más que discrepen en mucho de lo que ella profesa y ______, no pocas veces reflejan un destello de aquella ______ que ilumina a todos los hombres.

Vaticano II, *Nostra aetate*, 2

4. Observa las siguientes imágenes y lee las expresiones que aparecen junto a ellas.

- Indica la religión a la que pertenece cada imagen.
- Relaciona correctamente las expresiones con las imágenes.

"El que establece la armonía en sus alturas, nos dé paz a nosotros y a todo el pueblo de Israel"

"¡En el nombre de Alá, el Clemente, el Misericordioso!"

"En el nombre del Padre, del Hijo y del Espíritu Santo"

en la red

www.webislam.com

Portal interactivo de noticias y cultura islámica en español.

www.judaismovirtual.com

Página en la que encontrarás amplia información sobre el judaísmo.

www.vatican.va/phome_sp.htm

Sitio oficial con noticias, información histórica y documentos de la Iglesia católica.

El legado cultural

Durante siglos han convivido en la Península Ibérica las culturas judía, musulmana y cristiana, enriqueciendo un acervo común del que se descubren vestigios en los rincones más insospechados. Se puede decir que la cultura española es fruto de la influencia de esas tres grandes religiones monoteístas.

Aunque en épocas pasadas existieron enfrentamientos por diferentes motivos, eran frecuentes las relaciones amistosas entre judíos, cristianos y musulmanes. En la actualidad, las tres comunidades de creyentes conviven en nuestro país y trabajan, desde el respeto y el diálogo, por la paz y el entendimiento.

Mayoritariamente católicos

Aunque es difícil calcular la cantidad de creyentes que hay en una sociedad, los sondeos indican que en nuestro país, si atendemos a las religiones monoteístas, existe una mayoría de población católica (79,7 %). Junto a ella se encuentran una importante y creciente comunidad musulmana (1,3 %) y algunas comunidades judías (0,1 %). En España, pese al descenso del número de creyentes y el aumento de agnósticos y ateos, el cristianismo es, con diferencia, la religión mayoritaria.

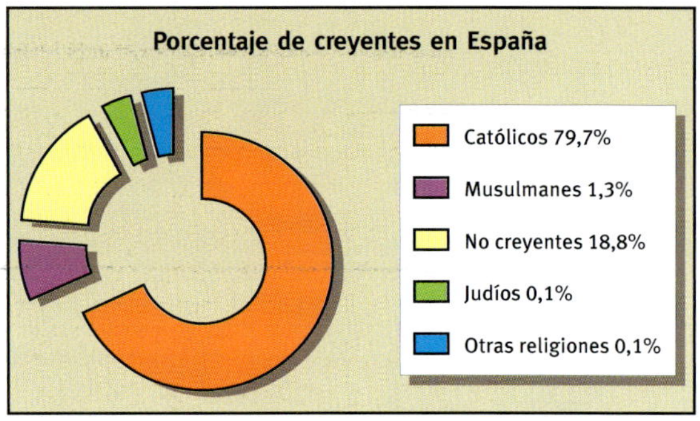

Fuente: Centro de Investigaciones Sociológicas, *Actitudes y creencias religiosas*

Ábside de la catedral de san Salvador, Zaragoza

Valiosos monumentos

Las tres religiones monoteístas que han convivido en España, además de un importante legado espiritual han dejado un importante legado artístico y cultural.

Son muchas las ciudades españolas que conservan edificios con la arquitectura propia de cada una de estas tres culturas.

La Alhambra de Granada, las sinagogas de Santa María la Blanca y del Tránsito en Toledo, la Alfajería en Zaragoza y la Torre del salvador en Teruel son claros ejemplos de este legado cultural. El arte mudejar constituye una síntesis de los estilos de las tres comunidades religiosas.

Importantes ciudades

Todavía hoy en muchas ciudades españolas se pueden visitar algunos barrios que muestran la huella de diferentes comunidades religiosas. Madrid (*Mayrit*) es la única capital europea cuyo nombre es de origen árabe.

Las comunidades judías, primero en la España musulmana y después en la cristiana, crecieron y se desarrollaron, y durante más de cuatro siglos consiguieron un alto grado de integración. Juderías importantes hubo en Granada, Córdoba, Soria, Cáceres, Gerona y Toledo, entre otras ciudades.

Calle de la judería de Gerona

Calle de la Judería de Hervás (Cáceres)

Maimónides.
Filósofo judío español

Averroes.
Filósofo hispano-árabe

Personajes significativos

En el campo del pensamiento, Maimónides (1135-1204), filósofo judío español, introdujo el aristotelismo, adaptándolo a las principales exigencias bíblicas. Su obra influyó notablemente en la filosofía medieval cristiana.

Otro pensador, cuya influencia fue muy notable también en el desarrollo de la filosofía cristiana fue Averroes (1126-1198), filósofo hispano-árabe, comentarista de la obra de Aristóteles, que ocupó diversos cargos y ejerció como médico en la España musulmana. Su obra filosófica tuvo gran influencia intelectual tanto en España como en el resto de Europa.

La herencia del idioma

Las culturas judía, cristiana y musulmana florecieron de modo extraordinario en algunas ciudades. La pluralidad cultural dio frutos tan interesantes como la Escuela de Traductores de Toledo. Su misión era traducir al latín, lengua común en la Europa cristiana, toda la sabiduría oriental que se había acumulado en la España musulmana de los siglos X y XI.

El árabe y el hebreo son lenguas que han dejado su impronta en el español: *Rabí*, *edén*, *maná*, *mesías*, *sefardí*, *aleluya* o *cábala* son palabras judías. *Tarima*, *arrabal*, *mezquino*, *berenjena*, *alcoba*, *alcohol*, *aceituna*, *almíbar* o *almirez* son palabras procedentes del árabe.

Miniatura de las Cantigas de Santa María.
Alfonso X con los traductores de Toledo

Dulces y presentes navideños procedentes de la cultura árabe

Influencia en la gastronomía

La gastronomía acompaña numerosas fiestas cristianas de nuestro país: muchos de nuestros platos típicos proceden de las culturas judía y árabe.

Dulces típicamente navideños como el turrón, el mazapán o la fruta escarchada son recetas árabes, elaboradas con miel ya que el azúcar no llegó a Europa hasta después de la conquista de América. A pesar de que la carne de cerdo no la consumen ni árabes ni judíos, fueron estos pueblos quienes, a falta de frigoríficos, desarrollaron procesos de conservación como el salazón o el embutido.

CUESTIONES PARA EL DEBATE

Al igual que en el tema anterior, os proponemos realizar un debate sobre estas afirmaciones o preguntas:

1.ª "La religión que más ha influido en la historia de la humanidad ha sido el cristianismo".

2.ª ¿Tienen razón los que afirman que *las religiones son causa de conflictos* o los que sostienen que *las religiones son generadoras de paz*?

3.ª "Las religiones contribuyen a frenar la igualdad entre hombre y mujer".

3

La Biblia, un libro sagrado

LA BIBLIA ES EL LIBRO QUE EN MÁS IDIOMAS SE HA EDITADO Y DEL QUE MÁS EJEMPLARES SE HAN DIFUNDIDO. ¿DE QUÉ TRATA LA BIBLIA? ¿CUÁNDO Y CÓMO SE ESCRIBIÓ? ¿A QUÉ SE DEBE SU ENORME DIFUSIÓN? A ESTAS Y A OTRAS PREGUNTAS INTENTA RESPONDER ESTE CAPÍTULO.

Sabías que ...

- La Biblia es el primer libro impreso de la historia. Gutenberg, el inventor de la imprenta, lo publicó en 1456, en Alemania.
- Desde la invención de la imprenta, la Biblia ha sido editada en unas 1800 lenguas y dialectos.
- El relato del diluvio universal, además de en la Biblia, se encuentra en escritos de otros pueblos antiguos.

Para dialogar

- Si fueras a un museo y te encontraras en una sala estos nueve cuadros, ¿sabrías explicar de qué personajes y episodios bíblicos se trata?*
- Imagínate que encuentras a alguien que no conoce la Biblia. ¿Cómo le explicarías lo que es la Biblia?
- La Biblia ha tenido y tiene una difusión amplísima en todo el mundo. ¿A qué crees que es debido?

Lo que vamos a estudiar

→ Qué es la Biblia y qué libros la forman.

→ De qué trata la Biblia.

→ Cuándo y cómo se escribió.

→ Quiénes son sus protagonistas principales.

* (Los pies de foto no siguen el mismo orden que las imágenes). *Moisés salvado de las aguas*, de Poussin; *Sacrificio de Isaac*, de Domenichino; *La creación de Adán*, de Blake; *Adán y Eva*, de Tiziano; *Rey David*, de Berruguete; *Torre de Babel*, de Brueghel; *Juicio de Salomón*, de Boulogne; *Arca de Noé*, Anónimo; *José vendido por sus hermanos*, de Overbeck

1. Qué es la Biblia

Una biblioteca en varios idiomas

La palabra *biblia* proviene del griego y significa libros. La Biblia que manejamos, aunque sea un solo libro, es como una pequeña biblioteca que contiene 73 libros diferentes: libros de historia, oraciones, poemas, leyes, narraciones, cartas...

Los libros de la Biblia fueron escritos a lo largo de cientos de años, desde el siglo VIII a. C. al siglo I d. C. Se escribieron principalmente en dos lenguas: hebreo y griego, pero también hay fragmentos en arameo.

La Biblia está formada por un conjunto de 73 libros

Dos grandes bloques

La Biblia actual está dividida en dos partes:

- ***Antiguo Testamento:*** recoge la historia del pueblo de Israel desde sus orígenes hasta una época cercana al nacimiento de Jesús. Consta de 46 libros de géneros literarios muy diversos.
- ***Nuevo Testamento:*** narra la vida y el mensaje de Jesús, así como el nacimiento de la Iglesia. Se compone de 27 libros: cuatro evangelios, el libro *Hechos de los apóstoles*, 21 cartas y el *Apocalipsis*, último libro de la Biblia. El acontecimiento central es la vida, muerte y resurrección de Jesús.

Tanto el Antiguo como el Nuevo Testamento están formados por diferentes grupos de libros: históricos, proféticos, poéticos, evangelios, etc.

A la lista de libros que forman la Sagrada Escritura se denomina *canon*, y a los libros del canon se les llama *libros canónicos*.

El pueblo de Israel y la comunidad cristiana primitiva tenían otros libros además de la Biblia, aunque no se consideraban inspirados por Dios. A estos libros se les conoce con el nombre de *apócrifos*.

Su contenido es religioso

La Biblia no es un libro de historia ni un libro científico sin más. La Biblia es un libro religioso. Sus autores, gran parte de ellos anónimos, escribieron inspirados por Dios. A través de la Biblia, Dios habla y se revela a los hombres.

Para los creyentes, la Biblia es Palabra de Dios, por eso, se le llama también Sagrada Escritura, puesto que es la Palabra de Dios puesta por escrito. En ella, los creyentes encuentran respuesta a muchos de los interrogantes que plantea la vida: para qué vivimos, cómo actuar, qué hacer ante la injusticia, cómo explicar la presencia del mal y el sufrimiento, qué hay después de esta vida, etc.

VOCABULARIO

Hebreo. Lengua de un antiguo pueblo semita que conquistó y habitó Palestina. En su escritura normalmente solo se anotan las consonantes.

Arameo. Lengua semita de un antiguo pueblo que habitó el país de Aram, y de otros pueblos bíblicos. Jesús habló en esta lengua.

Testamento. Esta palabra aquí significa pacto, alianza.

La Biblia trata de dar respuesta a los interrogantes que plantea la vida

en la red

www.biblia.com

Encontrarás información sobre lo que es la Biblia y sobre la autenticidad de los textos bíblicos.

actividades

1 Este dibujo contiene todos los libros que forman la Biblia. En el lomo de cada libro está escrito el título y una abreviatura con la que se le cita.

- ¿A qué libros se refieren las siguientes siglas: *Ef, Jdt, Jue, Sab, Mt*?
- ¿Con qué siglas citarías estos libros: *Levítico, Ester, Zacarías*?
- ¿A qué grupo pertenecen los siguientes libros: *Deuteronomio, Tito, Job, Miqueas, Lucas*?

2 Escribe en tu cuaderno un cuadro como este y con la información del dibujo completa las casillas vacías.

Libro bíblico	Abreviatura	Grupo al que pertenece	Testamento
Génesis	Gn	Pentateuco	Antiguo
Jueces			
	Esd	Histórico	
	Jr		
Mateo			
	Rom		
		Apocalíptico	Nuevo

2. Cómo citar y localizar textos bíblicos

Capítulos y versículos

Durante mucho tiempo, el texto bíblico no contenía ni **capítulos** ni **versículos**, aunque en las sinagogas se utilizaban ciertos signos para destacar pasajes de uso litúrgico. Hasta el siglo XII, los sistemas de división que existían eran muy variados y complejos, y ninguno de ellos era universalmente reconocido.

En 1209, el profesor de la Universidad de la Sorbona (y más tarde arzobispo de Canterbury) Esteban Langton dividió toda la Biblia en **capítulos** más o menos iguales. Era un sistema de división claro, lo que hizo que se impusiera rápidamente. De hecho, a su muerte, en 1228, los libreros de París ya habían incorporado su "invento" a una edición de la Biblia, conocida como "Biblia parisiense".

En 1555, el impresor Roberto Estienne (o Stephanus) introdujo los **versículos** en el margen del texto del Nuevo Testamento. Pero fue en 1565 cuando Teodoro de Beza implantó la indicación de los **versículos** dentro del propio texto. Este sistema de división fue aceptado oficialmente por el papa Clemente VIII en 1592.

Para citar textos bíblicos

Para citar un texto de la Biblia se deben seguir los siguientes pasos:

- Primero, se pone la sigla del libro (= letras que sirven para identificarlo). Por ejemplo: Gn se refiere al libro del Génesis.
- Luego, se pone el número del capítulo del libro. Por ejemplo: Gn 7 se refiere al libro del Génesis, capítulo 7.
- Finalmente, se pone el versículo o versículos, separados del capítulo por una coma (,). Por ejemplo: Gn 7,1 se refiere al libro del Génesis, capítulo 7, versículo 1.

7 [1]El Señor dijo a Noé:

– Entra en el arca tú con toda tu familia, pues tú eres el único justo que he encontrado en esta generación.

(Gn 7,1)

Citas con varios capítulos y versículos

- Cuando se cita un texto que comprende varios versículos, estos se separan entre sí por un guión (-). Por ejemplo: *Gn 7,1-3* se lee Génesis, capítulo 7, desde el versículo 1 al 3, ambos incluidos.
- Cuando se citan dos o más versículos alternos de un mismo capítulo se separan por un punto (.). Por ejemplo: *Gn 5,4.8* se lee Génesis capítulo 5, versículos 4 y 8.
- Cuando se cita un texto que abarca más de un capítulo se separan los capítulos con un guión (-). Por ejemplo: *Gn 7,1-8,3* se lee Génesis, desde el capítulo 7 versículo 1 al capítulo 8 versículo 3. Lo mismo ocurre cuando se citan varios capítulos completos. Por ejemplo: *Gn 2-4* se lee Génesis, capítulos del 2 al 4, ambos inclusive.

- Cuando se hacen dos citas seguidas de un mismo libro se separan por un punto y coma (;). Por ejemplo: *Gn 7,3; 9,4* se lee Génesis, capítulo 7, versículo 3 y Génesis, capítulo 9, versículo 4.

actividad

Siguiendo las indicaciones sobre cómo citar un texto bíblico, completa la tabla siguiente:

Texto	Libro	Cita
6 [13] Ya no puedo valerme por mí mismo, y me veo privado de tu ayuda. [14] Hay que amar al amigo que sufre aunque se aleje del poderoso.	Job	
[2] Señor, has sido compasivo con tu tierra, has cambiado la suerte de Jacob (...) [8] Muéstranos, Señor, tu amor, y danos tu salvación.	Salmo 85	
48 [22] No hay paz para los malvados dice el Señor. **49** [1] Escuchadme, habitantes de las islas; atended, pueblos lejanos: el Señor me llamó desde el seno materno, desde las entrañas de mi madre pronunció mi nombre.	Isaías	
6 [1] Algún tiempo después, Jesús pasó al otro lado del lago de Tiberíades. [2] Lo seguía mucha gente, porque veían los signos que hacía con los enfermos. **20** [22] Sopló sobre ellos y les dijo: – Recibid el Espíritu Santo.	Juan	

3. De qué trata la Biblia

Una historia apasionante

La Biblia narra dos mil años de historia. Los protagonistas principales de la Biblia son Dios y el pueblo de Israel, el pueblo elegido por Dios.

1. Este gráfico resume en diez etapas parte de la historia del pueblo elegido por Dios.
   – Después de leer lo que se dice sobre cada una de ellas y de consultar la lista de los libros de la Biblia de la página anterior, ¿podrías relacionar al menos cinco libros de esa lista con los acontecimientos aquí narrados? Fíjate bien en los títulos de los libros y en lo que aquí se dice.

Siglos XIX-XV a. C.
ÉPOCA PATRIARCAL
Tribus nómadas emigran desde las riberas del Tigris a la tierra de Canaán. Eran ganaderos, agrupados en clanes al mando de un jefe o patriarca. En los lugares en los que se asientan, levantan santuarios a sus dioses.

Siglos XV-XII a. C.
ÉXODO
Miles de hebreos se trasladan a Egipto donde terminan siendo esclavizados. Aprovechan una etapa de crisis en Egipto y vuelven a la tierra de Canaán, atravesando el desierto. En el monte Sinaí, Dios hace una alianza con su pueblo.

Siglo XII a. C.
ÉPOCA DE LOS JUECES
Lenta conquista de Canaán, más pacífica que militar. Los judíos, divididos en doce tribus, se establecen en diferentes lugares. Para defenderse de los enemigos, eligen a un juez (caudillo) que los guíe y proteja.

Siglo X a. C.
MONARQUÍA
Para unir todas las tribus surgen los reyes. Saúl, David y Salomón son los primeros reyes de Israel. Jerusalén se convierte en la capital del reino. Es un periodo de paz y prosperidad económica, pero también de injusticia.

Siglo IX a. C.
DIVISIÓN
El país se divide en dos reinos: Israel, al norte, con capital en Samaría; Judá, al sur, con capital en Jerusalén. Esta división trajo consigo el debilitamiento de ambos reinos que pronto sucumbirán.

Siglos VIII-VI a. C.
EXILIO
En el año 721, el reino del Norte cae en manos de los asirios. En el año 586, el reino del sur es conquistado por Nabucodonosor, rey de Babilonia. Miles de israelitas son deportados. El templo es destruido.

Siglos VI-IV a. C.
ÉPOCA PERSA
Ciro, rey de Persia, conquista Babilonia y permite a los judíos retornar a su tierra. Comienza una lenta reconstrucción política y económica del país a las órdenes de Esdras y Nehemías.

Siglos IV-II a. C.
ÉPOCA GRIEGA
Alejandro Magno conquista gran parte de Oriente. Uno de sus sucesores, rey de Siria y Palestina, impuso la religión y las costumbres griegas a los judíos. Contra esta imposición se levantan los Macabeos.

Siglos II-I a. C.
ÉPOCA ROMANA
Pompeyo conquista Palestina. Los romanos crean una monarquía vasalla de Roma. Bajo el reinado de Herodes, Jesús nace en Belén. Anuncia un tiempo nuevo de salvación. Acusado de blasfemo por las autoridades judías, es condenado a muerte.

Siglo I d. C.
EXPANSIÓN DEL CRISTIANISMO
Tras la muerte y resurrección de Jesús, sus discípulos predican su mensaje dentro y fuera de Palestina. El cristianismo se extiende por todo el Imperio romano. En el año 70, Jerusalén es semidestruida por los romanos.

2 Averigua a qué época de la historia de Israel se refieren estos relatos del Antiguo Testamento:
Gn 12,1-6; Éx 19,1-7; 1 Re 2,1-12; 2 Re 25,8-11; Esd 1,1-5

3 Sitúa a estos personajes bíblicos en la época que corresponda. Te servirán de ayuda las pistas que se ofrecen de cada uno de ellos.

Abrahán	Fue un pastor nómada
David	Fue rey en Jerusalén
Moisés	Sacó a su pueblo de Egipto
Nehemías	Reconstruyó Jerusalén
Juan	Fue un apóstol de Jesús

NANDO y DEMETRIO, *Historia de la salvación.* Madrid, Paulinas

4 ¿Con qué etapa de la historia de Israel relacionas las imágenes de estas dos páginas?

Los comienzos de una larga historia

La historia del pueblo de Israel comienza hacia el año 2000 a. C. con la figura de Abrahán, un pastor nómada originario de Ur, en Mesopotamia. Abrahán recibe las promesas de parte de Dios de obtener una tierra donde asentarse, tener una descendencia numerosa y contar con su bendición para que fuera padre de un gran pueblo.

Isaac y Jacob, hijo y nieto respectivamente de Abrahán, son los fundadores de Israel, pueblo que se compone de doce tribus descendientes de los doce hijos de Jacob.

Moisés, uno de los descendientes de los tres grandes patriarcas, es el personaje central del Éxodo, Levítico, Números y Deuteronomio. Es el hombre elegido por Dios para liberar al pueblo que era esclavo en Egipto, conducirlo por el desierto y dejarlo ante las puertas de Canaán, la tierra prometida.

El Dios que se revela en la historia

A lo largo de la historia que narra la Biblia, Dios se manifiesta como:

- Un **Dios libertador** que salva a su pueblo en hechos como la liberación de la esclavitud a la que estaba sometido en Egipto o el exilio babilónico.
- Un **Dios cercano** que se preocupa de las necesidades de su pueblo, como vemos en la travesía del desierto hacia la tierra prometida, y le infunde esperanza en los momentos de dificultad con la promesa de un salvador.
- Un **Dios salvador** que, a pesar de las infidelidades de su pueblo, ofrece siempre su salvación. Para ello se sirve de personas, como Abrahán o Moisés, que aceptan ser instrumento de Dios entre los hombres.

Dios se da a conocer progresivamente

A lo largo de la historia de Israel narrada en la Biblia se puede observar que Dios se da a conocer poco a poco a su pueblo.

A esta manifestación de Dios a los hombres en los acontecimientos y en la vida del pueblo, los creyentes lo llaman revelación.

La revelación definitiva llega con la venida de Jesús, el Salvador, quien muestra definitivamente a Dios.

en la red

www.aciprensa.com/Biblia/biblia.htm

En el apartado *Introducción a la Biblia* selecciona *Panorama histórico-literario* donde encontrarás información sobre este tema.

4. Cuándo y cómo se escribió la Biblia

Hace miles de años

El cuadro adjunto indica la fecha en que se escribieron algunos de los libros que componen la Biblia. Con esos datos y otros que ya posees resuelve estas cuestiones:

- El libro que describe la salida de Egipto se llama Éxodo y pertenece al Pentateuco. ¿Cuántos siglos pasaron entre el acontecimiento de la salida de Egipto y la aparición del libro en que se narra?
- Los hechos explicados en los libros de los Macabeos tuvieron lugar entre los años 175 y 135 a. C. ¿Cuánto tiempo transcurrió entre los hechos y su puesta por escrito?
- Jesús murió hacia el año 30 de nuestra era. Su vida se narra en los evangelios. ¿Cuánto tiempo transcurrió entre su muerte y la aparición del primer evangelio?

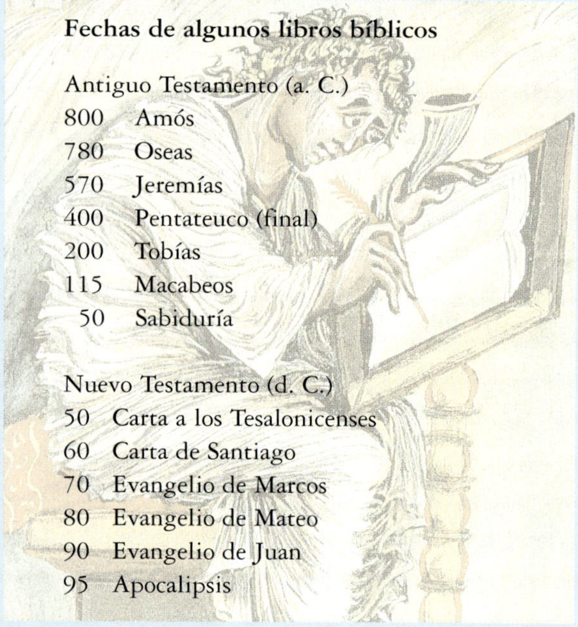

Fechas de algunos libros bíblicos

Antiguo Testamento (a. C.)	
800	Amós
780	Oseas
570	Jeremías
400	Pentateuco (final)
200	Tobías
115	Macabeos
50	Sabiduría
Nuevo Testamento (d. C.)	
50	Carta a los Tesalonicenses
60	Carta de Santiago
70	Evangelio de Marcos
80	Evangelio de Mateo
90	Evangelio de Juan
95	Apocalipsis

Un largo proceso

La Biblia comenzó a escribirse unos mil años antes de Cristo y se terminó a finales del siglo I de nuestra era.

En el largo proceso de formación de la Biblia podemos distinguir varias etapas:

- Se **produce un acontecimiento** importante o surge una pregunta fundamental.
- Sobre ese acontecimiento o pregunta **se reflexiona**. Las personas con sentimiento religioso lo hacen a partir de su fe y lo relacionan con Dios. De esta manera dan un sentido religioso a lo ocurrido.
- Esta reflexión **se transmite oralmente** de generación en generación con el fin de comunicar una enseñanza religiosa.
- Llega un momento en que estas tradiciones orales **se ponen por escrito**. Al principio como escritos sueltos, después se agrupan. Así surgen los libros, aunque haya pasado mucho tiempo, a veces siglos, desde que sucedieron los hechos.
- Estos libros en forma de rollo **se leen** en las reuniones familiares y en las celebraciones religiosas.
- Todos estos libros **se reúnen** hasta formar la Biblia actual.

En un soporte frágil

Los textos de la Biblia se escribieron sobre papiro o sobre pergamino y se presentaban en forma de rollo. Cada rollo constaba de varias piezas de papiro o de pergamino cosidas entre sí. Los extremos se sujetaban a dos cilindros, en los que se enrollaba la tira.

No se conserva ningún manuscrito original sino copias, lo que puede dar lugar a que se produzcan algunas diferencias.

en la red

www.aciprensa.com/Biblia/biblia.htm

En el apartado *Introducción a la Biblia* selecciona *Cómo se escribió la Biblia*. Encontrarás información sobre este tema.

5. Los géneros literarios del Antiguo Testamento

Distintas formas de hablar

Las tres personas de las viñetas utilizan expresiones diferentes para informar a otras personas sobre un mismo hecho: un accidente automovilístico.

– Ponte en el lugar de cada una de estas tres personas y completa la narración.

– ¿A qué crees que es debido el que un mismo hecho sea contado con un estilo tan diferente?

Diferentes géneros literarios

Hay diferentes formas de narrar un mismo hecho. A un médico se le describe una enfermedad de manera distinta que a un amigo. Tampoco se cuenta un chiste como se dicta una receta de cocina. Según lo que queramos contar, así elegimos la forma o el "género literario" más adecuado.

En la Biblia existen diversos géneros literarios. Es muy importante conocerlos para entender bien lo que se quiere comunicar. Estos son algunos de los más utilizados en el Antiguo Testamento:

- **Histórico**. Tiene forma de relato real o imaginario. Suele centrarse en un personaje importante (Jacob, Moisés, David...), por medio del cual se trasmite una enseñanza religiosa (ver *1 Sam 17,1-57*).
- **Legislativo**. Recoge normas o costumbres por las que se debe regir el pueblo (ver *Éx 20,12-17*).
- **Profético**. El profeta habla en nombre de Dios para denunciar injusticias o transmitir esperanza. Con frecuencia utiliza oráculos -anuncios de algo que va a ocurrir- (ver *Is 65,16-19)*.
- **Poético**. Expresa, sobre todo, sentimientos. Libros enteros, como el de los Salmos o el Cantar de los Cantares, utilizan este género (ver *Sal 94, 1-6*).
- **Sapiencial**. Reflexiones realizadas por sabios y pensadores sobre diversas realidades de la vida (ver *Prov 3,33-35*).
- **Narración didáctica**. Lo fundamental de esas narraciones no es la verdad histórica, sino la enseñanza que quiere transmitir. Tal es el caso de historias como las de Jonás, Job, Judit (ver *Jon 1,1- 2,1*).
- **Epistolar**. Escritos en forma de carta enviados a un destinatario (ver *Jr 29,1-23*).
- **Apocalíptico**. Revelaciones obtenidas mediante visiones y sueños, expresadas de forma simbólica y enigmática (ver *Dn 7,1-8*).

en la red

www.encuentra.com

Selecciona el apartado *Biblia* donde encontrarás información variada sobre cómo está escrita la Biblia.

6. Los libros del Antiguo Testamento

El Antiguo Testamento, como ya hemos visto, consta de 46 libros que, atendiendo a su género literario, suelen agruparse en torno a seis bloques:

Pentateuco

Es el conjunto de los cinco primeros libros de la Biblia: Génesis, Éxodo, Levítico, Números y Deuteronomio.

Contiene narraciones, leyes, normas para el culto, genealogías. Todo el conjunto pretende dar respuesta a preguntas que se hace la comunidad religiosa de Israel:

- ¿Quién, cuándo y cómo se creó el mundo y las personas que lo habitan?
- ¿Cuándo surgió el pueblo de Israel y cuándo tuvo conciencia de ser el pueblo elegido?
- ¿Cómo debería estar organizada la vida de ese pueblo?

Libros históricos

A este grupo pertenecen 12 libros. El primero de ellos es Josué y el último Macabeos. Narran la ocupación de la tierra prometida, la institución de la monarquía, el destierro a Babilonia, las luchas del pueblo contra sus enemigos.

No se trata de libros de historia al uso, es decir, no son tratados de historia, sino libros religiosos que muestran las relaciones de Dios con su pueblo. Más importante que la verdad objetiva de los hechos es, en estos libros, el significado religioso de los mismos.

MIGUEL ÁNGEL, *Profeta Daniel*, Capilla Sixtina

Narraciones didácticas

Cuatro libros breves componen este grupo: Rut, Tobías, Judit y Ester. Son ficciones literarias con fines didácticos. Pretenden enseñar, exhortar y animar a los lectores.

Libros proféticos

Dentro de este grupo se encuadran 17 libros. Los más conocidos son Isaías, Jeremías, Ezequiel y Daniel.

El profeta bíblico anuncia el futuro, pero, sobre todo, interpreta el presente. Sus principales funciones son:

- **juzgar** las situaciones concretas que el pueblo vive;
- **denunciar** el incumplimiento del pacto con Dios;
- **invitar** a la conversión y a ser fieles a Dios;
- **anunciar** un futuro mejor para Israel.

Libros poéticos

A este grupo pertenece el libro de los Salmos que contiene 150 poemas de alabanza, acción de gracias o súplica; el Cantar de los Cantares, un poema de enamorados; Lamentaciones, cinco poemas que describen el dolor de Israel por la caída de Jerusalén.

Libros sapienciales

Se trata de siete libros, entre los que se encuentran Job y Proverbios. En ellos, mediante sentencias cortas, refranes o discursos se dan consejos o se comunican experiencias de vida.

en la red

www.artehistoria.com

Es una web de arte de todos los tiempos. Entra en *Obras* y en *Capilla Sixtina* busca los frescos de Miguel Ángel que describen estas escenas: creación del mundo, de Adán, de Eva, expulsión del paraíso y diluvio universal. Contempla las imágenes y lee la explicación sobre cada una de ellas.

GÉNESIS

Es el primer libro de la Biblia. En los once primeros capítulos narra el origen del universo y de la humanidad. En los restantes, trata sobre la historia de los grandes antepasados de Israel. Sus protagonistas principales son Abrahán, Isaac, Jacob y José.

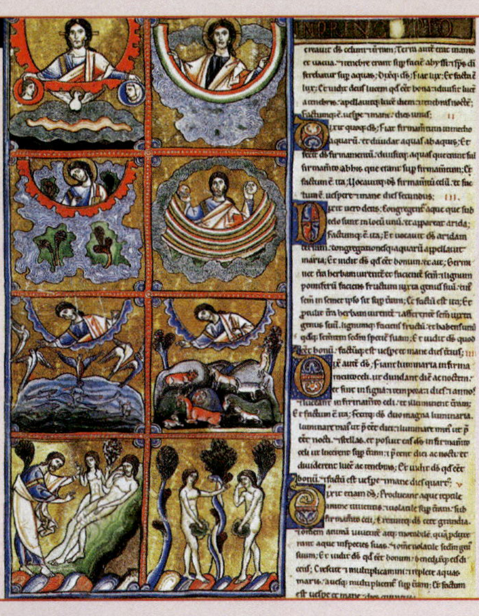

La creación. Miniatura de la Biblia de Sougny

1. Lee en la Biblia los títulos de los 11 primeros capítulos del Génesis. ¿A qué preguntas fundamentales crees que tratan de dar respuesta estos capítulos?

2. Lee *Gn 12,1-3.* Trata de la llamada de Dios a Abrahán.

- Poseer una tierra fértil y tener una descendencia numerosa eran dos grandes deseos de los pastores nómadas. ¿Dónde se encuentran en el texto estas dos ideas?
- ¿Cuál es la palabra clave en el texto? ¿Cuántas veces aparece?

3. Rellena la ficha de Abrahán, el primer patriarca de Israel (escríbelo en el cuaderno). Puedes servirte de las citas bíblicas que tienes al lado.

Ficha de Abrahán

1. Nombre de nacimiento:....................... (*Gn 11,26*)
2. Natural de la ciudad de:...................... (*Gn 11,28*)
3. Su padre se llamaba: .... (*Gn 11,26*)
4. Se casó con:................................. (*Gn 11,29*)
5. Nombre que Dios dio a Abrán: .... (*Gn 17,5*)
6. Nombre que Dios dio a su mujer:............ (*Gn 17,15*)
7. Nombre del primer hijo del patriarca:........ (*Gn 16,15*)
8. Nombre del segundo hijo: .... (*Gn 21,23*)
9. Murió a la edad de: .... (*Gn 25,7*)
10. Fue enterrado en la cueva de: .... (*Gn 25,9*)

GUERCINO, *Abrahán*

ÉXODO

El segundo libro de la Biblia narra la salida de los israelitas de Egipto guiados por Moisés, principal protagonista del libro. El Éxodo es un viaje por el desierto hacia Canaán, la tierra prometida. La salida de Egipto es considerada como el "acontecimiento fundador" del pueblo de Israel.

4. Lee el relato de la vocación de Moisés en *Éx 3,1-12.*

- ¿Cómo se le presenta Dios a Moisés? (ver versículo 6).
- ¿Cuál es la promesa que Dios hace a Moisés?
- Compara esta promesa con la que hace a Abrahán.

5. Lee los capítulos 1 y 2 del Éxodo y el capítulo 34 del Deuteronomio y haz una ficha sobre Moisés al estilo de la de Abrahán.

Moisés, según la película *Los diez mandamientos*

Síntesis

LA BIBLIA

- **Se forma a partir de**
  - Los acontecimientos importantes que vive el pueblo de Israel
  - Las reflexiones sobre estos hechos a partir de su fe en Dios
  - La transmisión oral de estas reflexiones
  - La escritura de estas tradiciones orales
- **narra**
  - La historia del encuentro de Dios con su pueblo
  - **contiene**
  - Un mensaje religioso
  - **es**
  - **PALABRA DE DIOS**
- **se compone**
  - Antiguo Testamento / Nuevo Testamento
  - **agrupa**
  - 46 libros / 27 libros
  - **conforman**
  - **Los libros canónicos**

COMPRUEBA LO QUE SABES

1. Responde correctamente a estas preguntas. Escribe la respuesta en tu cuaderno.

1	Nombre de dos reyes de Israel	
2	Sacó a los israelitas de Egipto	
3	Un libro poético de la Biblia	
4	Libro bíblico con nombre de mujer	
5	El nombre de dos profetas	
6	Es el padre del pueblo hebreo	
7	Libro que contiene 150 poemas	
8	Dos libros históricos	
9	Idiomas en que se escribió la Biblia	
10	Nombre de la tierra prometida	

2. Explica lo que significan las siguientes palabras y expresiones.

1	Antiguo Testamento	
2	Género literario	
3	Revelación	
4	Género histórico	
5	Sagrada Escritura	
6	Narración didáctica	
7	El Pentateuco	
8	Canon	
9	Profeta	
10	Libros apócrifos	

1. El libro de Jonás cuenta que a este profeta lo traga un gran pez por pretender alejarse de Dios y tres días después "el pez lo vomitó".

- ¿Qué le dirías a una persona que piensa que esta historia no tiene sentido?
- ¿Con qué género literario asocias la historia?

NICOLÁS DE VERDÚN, *Jonás y la ballena*

2. El libro de los *Salmos* contiene 150 poemas que expresan la alegría, el sufrimiento y la esperanza del pueblo de Israel. La mayor parte de ellos fueron compuestos para ser cantados y convertirse en oración a Dios.

– Relaciona cada tema con el salmo correspondiente:

Alabanza a Dios	Salmo 13
Confianza en Dios	Salmo 23
Deseo de Dios	Salmo 42
Queja a Dios	Salmo 117
Petición de ayuda	Salmo 118
Acción de gracias	Salmo 130

3. Coloca cada palabra en cursiva en el lugar correspondiente de estos artículos del Catecismo de la Iglesia Católica:

Antiguo Testamento, Nuevo Testamento, inspira, Palabra de Dios

- *La Sagrada Escritura contiene la --------------- y, en cuanto inspirada, es realmente la palabra de Dios* (n.º 135).
- *Dios es el autor de la Sagrada Escritura porque --------------- a sus autores humanos: actúa en ellos y por ellos* (n.º 136).
- *La Iglesia recibe y venera como inspirados los cuarenta y seis libros del --------------- y los veintisiete del ---------------* (n.º 138).

4. Identifica los géneros literarios de los siguientes textos:

Creación de Adán y Eva (*Gn* 2,18-19.21-22)
Canto de la amada (*Cant* 2,5-13)
Conquista de Samaría (*2 Re* 17,5-6)
Aparecerá un retoño (*Is* 11,1- 9)
Venganza de Sansón (*Jue* 16,23-3)
La desgracia de Job (*Job* 1,1-12)

5. Explica el significado de estas expresiones que tienen su origen en episodios del Antiguo Testamento. Puedes ayudarte de las citas bíblicas que aparecen junto a ellas.

- *Pasar las de Caín (Gn 4,11-14)*
- *Decisión salomónica (1Re 3,16-28)*
- *Esto es Babel (Gn 11,1-9)*
- *Acordarse de las cebollas de Egipto (Num 11,4-6)*
- *Ser más viejo que Matusalén (Gn 5,25-27)*
- *Tener más paciencia que el santo Job (Sant 5, 11)*

6. Busca en esta sopa de letras el nombre de 10 libros del Antiguo Testamento. Sigue todas las direcciones posibles.

G	E	N	E	S	I	S	V	O	R	J	O	B	R
G	X	T	G	S	A	B	A	H	B	M	S	T	Z
T	O	B	S	X	I	B	N	M	H	C	R	T	A
G	D	N	E	S	Z	U	I	O	U	C	U	F	C
G	O	D	A	N	I	E	P	D	B	E	T	T	A
D	E	S	D	R	A	S	Z	X	U	C	L	T	R
R	P	N	J	Z	I	S	J	O	D	R	S	R	I
G	O	P	E	S	T	E	R	O	B	C	I	T	A
Z	E	N	T	S	I	S	J	O	N	A	S	A	S

en la red

http://www.cnice.mecd.es

Selecciona el apartado *Recursos didácticos* y abre las secciones *Otros recursos de apoyo/Educación Primaria/Biblia.* Si quieres conocer la vida de los principales personajes bíblicos entra en *Antiguo Testamento/Personajes.* Si de una forma más entretenida quieres conocer más de la Biblia entra en *Actividades.*

Dossier

La Biblia en nuestra cultura

Por su antigüedad, divulgación e influencia cultural y por ser guía espiritual de miles de millones de personas, se puede afirmar que la Biblia es el libro más importante de la historia de la humanidad y el que más influencia ha ejercido en la cultura occidental.

La Biblia hecha pintura

Desde Miguel Ángel a Picasso, desde Leonardo hasta Dalí son numerosos los pintores de todos los tiempos que han recreado en el lienzo o en los muros diversas escenas bíblicas. En el techo y los muros de la capilla Sixtina, del Vaticano, Miguel Ángel pintó la más completa historia de la salvación.

MIGUEL ÁNGEL, *frescos del techo de la Capilla Sixtina*

La Biblia en la escultura

Los principales personajes bíblicos (Abrahán, Isaac, Moisés, David) así como los grandes acontecimientos narrados en la Biblia (expulsión del paraíso, sacrificio de Isaac, salida de Egipto...) han sido esculpidos por artistas de todos los tiempos.

BERRUGUETE, *Sacrificio de Isaac*

DONATELLO, *David*

MIGUEL ÁNGEL, *Moisés*

GARGALLO, *El profeta*

Biblia y música

No solo los compositores del Renacimiento y del Barroco compusieron obras con temas bíblicos, sino también los de nuestro tiempo. Ejemplo de ello son obras como *Lamentaciones de Jeremías*, de Stravinsky; *El cantar de los cantares*, de Penderecki; *Salmos*, de Leonard Bernstein.

Además de los grandes compositores, también los colectivos, especialmente los más oprimidos, han reflejado en la canción sus propias experiencias, similares a las vividas por el pueblo de Israel. Este es el caso de los espirituales negros cantados por los esclavos en tierras de América.

When Israel was in Egipt's land,
Oppressed so hard they could not stand.
Let my people go!
Go down, Moses, way down in Egipt's land,
Tell old Pharaoh "Let my people go".

Cuando Israel estaba en tierra de Egipto,
tan oprimido que no podía moverse,
¡Deja marchar a mi pueblo!
Adelante Moisés, adelante en la tierra de Egipto,
dile al viejo faraón que deje marchar a mi pueblo.

Biblia y cine

Aunque el cine se ha centrado más en los temas relacionados con la vida de Jesús y de sus discípulos, existe un buen número de películas sobre personajes y sucesos del Antiguo Testamento: *La Biblia*, de John Huston abarca desde la creación de Adán y Eva hasta la torre de Babel; *Los diez mandamientos*, de Cecil B. de Mille narra la cautividad del pueblo de Israel en Egipto, su liberación y su peregrinar por el desierto.

Entre los personajes bíblicos llevados al cine se encuentran Abrahán, Moisés, Sansón y David, entre otros. Así lo muestran películas como *Los jueces de la ley*, de F. Pérez Dolz que narra acontecimientos de los jueces Gedeón y Sansón; *Saúl y David*, de Marcello Baldi o *Rey David*, de Bruce Beresford.

La Biblia, de John Huston

Biblia y literatura

Los grandes temas bíblicos, como el odio entre hermanos representado por Caín y Abel, o la presencia del mal, el dolor o el sufrimiento, vivido por Job, están presentes en gran número de obras maestras de la literatura universal.

También los poetas se han inspirado en personajes bíblicos para plasmar sus inquietudes: Dámaso Alonso, en "Hijos de la Ira", nos habla de *El último Caín*; León Felipe se identifica con el Jonás bíblico en el poema *Tal vez me llame Jonás*.

Tal vez me llame Jonás

Yo no soy nadie:
un hombre con un grito de estopa en la garganta
y una gota de asfalto en la retina.
Yo no soy nadie. ¡Dejadme dormir!
Pero a veces oigo un viento de tormenta que me grita:
– Levántate, ve a Nínive, ciudad grande y pregona contra ella.

LEÓN FELIPE

CUESTIONES PARA EL DEBATE

El debate es un procedimiento útil para profundizar en un tema o para aclarar algo que está confuso. Se basa en el diálogo entre personas que tienen opiniones diferentes sobre un mismo tema. Os proponemos debatir sobre estas afirmaciones o preguntas:

1.ª "Si no se conoce el contenido de la Biblia, difícilmente se puede comprender el significado de muchas obras de arte".

2.ª "¿Es conveniente poner rostro humano a Dios o es mejor reproducirlo mediante símbolos?".

3.ª "¿A qué es debido el que los temas bíblicos tengan menor presencia en el arte actual que en el de épocas anteriores?".

4

El Nuevo Testamento

EL PROTAGONISTA PRINCIPAL DEL NUEVO TESTAMENTO ES JESÚS. SU VIDA, SUS OBRAS Y SU MENSAJE SE RECOGEN ESPECIALMENTE EN LOS EVANGELIOS. CUANTO MÁS CONOZCAMOS EL NUEVO TESTAMENTO, MÁS CONOCEREMOS A JESÚS.

Sabías que ...

- Además de los evangelios contenidos en el Nuevo Testamento existen otros denominados apócrifos.
- El texto original más antiguo del Nuevo Testamento que se conserva es un trozo de papiro descubierto en Egipto. Está fechado en torno al año 125 de nuestra era.
- En tiempo de Jesús, la gente creía que la enfermedad era un castigo de Dios por haber pecado y, por tanto, los enfermos eran considerados pecadores.

Para dialogar

– Observa las imágenes de estas páginas. ¿Qué hechos de la vida de Jesús representan? ¿Qué recuerdas de ellos?*

– ¿Sabes cuántos son los evangelios, quiénes los escribieron y por qué?

– ¿A qué accidentes geográficos y lugares se refieren estas palabras: *Jordán*, *Tabor*, *Judea*, *Belén*, *Sinagoga*?

Lo que vamos a estudiar

→ ¿Cómo era el país y la sociedad del tiempo de Jesús?

→ ¿Qué son los evangelios, cómo se formaron y qué quisieron transmitir los evangelistas?

→ ¿Qué otros libros conforman el Nuevo Testamento y de qué tratan?

* (Los pies de foto no siguen el mismo orden que las imágenes). *Jesús entre los doctores*, de Nolde; *La anunciación*, de Fra Angelico; *Crucifixión*, de Sutherland; *Noli me tangere*, de Giotto; *Jesús y la samaritana*, de Buoninsegna; *Huida a Egipto*, de Giotto; *La última cena*, de Masip; *Nacimiento de Jesús*, Anónimo; *Bautismo de Jesús*, Anónimo

1. El país de Jesús

Un pequeño país junto al Mediterráneo

La vida de Jesús transcurrió en una pequeña franja de tierra situada junto al Mediterráneo oriental. Conocer el escenario de los hechos nos ayudará a comprender mejor su obra y su mensaje.

1. Localiza en el mapa la tierra donde vivió Jesús e indica qué nombre recibe actualmente. ¿Qué sabes de la historia reciente de esa zona del mundo?

2. Realiza en tu cuaderno un cuadro como el que tienes aquí abajo.
   - Lee los textos bíblicos que se citan y ve rellenando las casillas correspondientes.
   - Después, localiza en este mapa los lugares donde transcurren estas escenas de la vida de Jesús.

Cita bíblica	Hecho del que se trata	Lugar donde sucede
Lc 2,1-6	*Nacimiento de Jesús*	*Belén*
Lc 2,21-24		
Mc 1,9-11		
Mc 1,16-18		
Mc 2,1-5		
Mc 5,1-20		
Mc 8,22-26		
Lc 7,11-17		
Jn 11,1-11		
Lc 24,13-35		

Un pequeño país

Palestina es una pequeña franja de tierra junto al Mediterráneo oriental. Su superficie ocupa una extensión de 25 000 km^2 (algo menos que Galicia).

Su orografía es muy accidentada. De oeste a este se pueden distinguir cuatro zonas bien diferenciadas:

- La fértil llanura costera.
- La región montañosa central, con montes como el Hebrón (1027 metros) o el Tabor (562 metros).
- El valle de la depresión del Jordán. Esta depresión, en la zona del mar Muerto, llega a estar 392 metros por debajo del nivel del mar.
- La meseta transjordana.

El clima y el paisaje de Palestina son típicamente mediterráneos. Su agricultura es muy parecida a la del secano español: en las llanuras, cereales y huertas; en las tierras altas, vides, olivos e higueras.

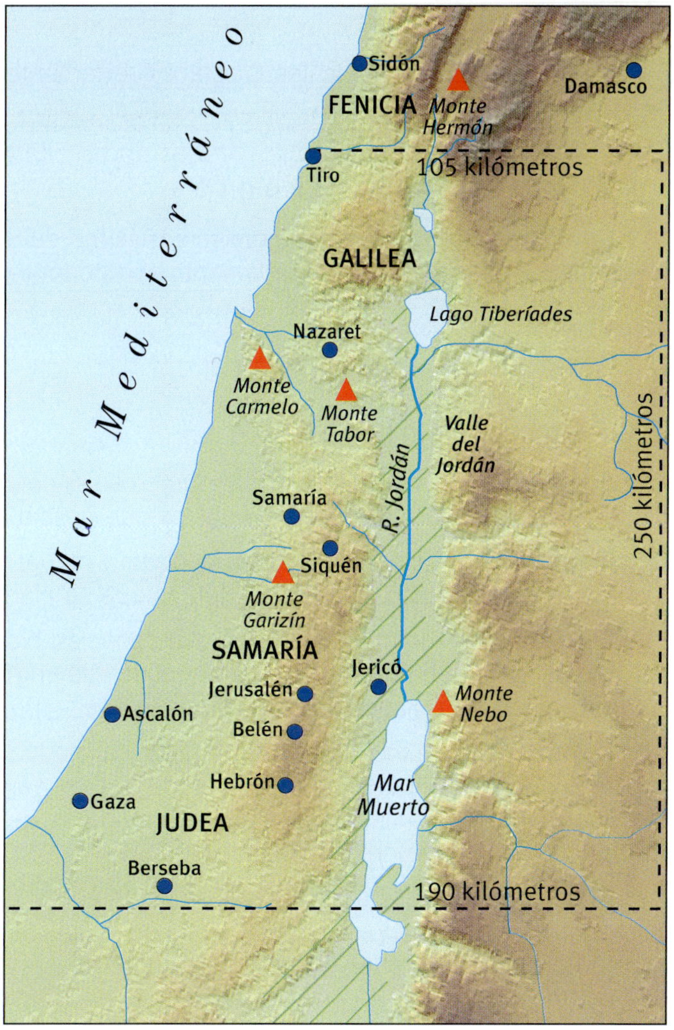

Palestina es una pequeña franja de terreno junto al Mediterráneo oriental

Tres regiones importantes

Palestina estaba dividida en tiempo de Jesús en siete regiones. Las más conocidas son las tres situadas al oeste del río Jordán:

- **Galilea**, al norte. Era la región más rica y fértil de Palestina. Sus habitantes vivían de la agricultura, el comercio y la pesca en el lago Tiberíades. Entre sus ciudades se encuentran Cafarnaún, Betsaida, Naín, Caná y Nazaret.
- **Samaría**, en el centro. Era también una región fértil, pero más pobre que Galilea. Sus principales ciudades eran Samaría, en el interior, y Cesarea, en la costa. Sus habitantes tenían una tradicional enemistad con los judíos.
- **Judea**, al sur. Era la región más extensa y pobre de Palestina. En ella se encuentra la ciudad de Jerusalén, de gran importancia religiosa, ya que en ella se encuentra el Templo, centro de peregrinación para todos los judíos. Otras ciudades importantes de Judea son Belén, Emaús y Jericó.

Una historia agitada

Como hemos visto en el tema anterior (página 38), la historia política de Palestina fue muy agitada: guerras, saqueos, deportaciones y destierros fueron frecuentes.

En el año 63 a. C., Pompeyo conquista Jerusalén, y Palestina se convierte en una provincia romana.

Cuando Jesús nace, gobierna en Roma el emperador Octavio Augusto. Cuando muere, el emperador Tiberio.

Palestina era una provincia sin importancia, en la periferia del imperio. Un gobernador representa en Palestina al poder central. En tiempo de Jesús, el gobernador romano era Poncio Pilato.

Roma procura respetar las costumbres propias (religión, lengua...) del pueblo judío. Asimismo, se sirve de reyes locales a quienes convierte en vasallos. Es el caso del rey Herodes el Grande (del 37 al 4 a. C.) o de sus hijos Arquelao, Herodes Antipas y Filipo.

en la red

www.aciprensa.com/peregrinacion/historica/peregrino.html

En esta página puedes realizar una visita virtual a los principales lugares en los que tuvieron lugar hechos de la vida de Jesús.

2. La sociedad en que vivió Jesús

La sociedad del tiempo de Jesús estaba fuertemente estructurada en clases y grupos sociales.

CHAGALL, *Judío rezando*

La sociedad del tiempo de Jesús estaba fuertemente estructurada en clases y grupos sociales

Las clases dirigentes

- **Sumo sacerdote**. Era el responsable máximo del templo y presidente del sanedrín (una especie de parlamento con poder legislativo y ejecutivo).
- **Saduceos**. Pertenecían a la clase alta de la sociedad. En lo religioso eran muy conservadores, y en lo político colaboraban con los romanos.

Grupos sociales

- **Sacerdotes**. Formaban un grupo numeroso encargado de atender al templo. Vivían de las ofrendas y de oficios que buscaban por su cuenta.
- **Escribas**. Su misión consistía en explicar y actualizar la ley en función de los nuevos tiempos y de los problemas que se planteaban.
- **Fariseos**. Eran hombres piadosos que conocían bien la ley y la cumplían al pie de la letra. Ejercían una enorme influencia entre el pueblo. Los fariseos rechazaban a quienes no cumplían la ley.
- **Zelotas**. Eran un movimiento extremista y armado. Pertenecían a las capas más pobres del pueblo. Aprovechando fiestas y aglomeraciones organizaban revueltas y alborotos. Algunos seguidores de Jesús fueron antiguos zelotas, como Simón el Zelota.
- **Mujeres**. La mujer no tenía los mismos derechos civiles y religiosos que el hombre. Dependía totalmente de su padre hasta que contraía matrimonio, en torno a los 12-14 años. A partir de entonces pasaba a depender totalmente del marido. No podía participar en el culto de la sinagoga.

Los marginados

- Los **publicanos**, o cobradores de impuestos. Cometían muchos abusos, y el pueblo los odiaba y los tenía por ladrones.
- Los **enfermos**, especialmente los afectados por enfermedades de la piel como los leprosos, o los enfermos mentales (calificados como posesos) o aquellos que presentaban algún tipo de minusvalía como los ciegos o paralíticos.
- Los **gentiles** (los que no eran judíos) y los **pecadores públicos** (prostitutas, ladrones, adúlteras, pastores, etc.) eran también discriminados.

actividad

Dibuja en tu cuaderno un cuadro similar a este, lee las citas bíblicas y completa las casillas del cuadro. ¿Con qué grupos sociales se relacionó Jesús? ¿Cuál fue su actitud hacia ellos?

Pasaje del evangelio	Grupo social	Actitud de Jesús
Mt 8,1-4	*Enfermos*	*Extendió la mano, lo tocó y quedó sano*
Mt 26,1-4		
Mc 2,15-17		
Mc 12,38-40		
Lc 7,36-49		
Jn 3,1-3		

3. La vida religiosa de los judíos

El pueblo judío, al que Jesús pertenecía, era profundamente religioso. Todas sus costumbres estaban impregnadas de creencias y normas religiosas.

CHAGALL, *Día festivo*

En los días de fiesta, los judíos se reunían junto al templo y reforzaban su fe

La fe del creyente judío

Los tres pilares de la fe del pueblo judío eran un Dios, un pueblo, una ley:

- **Un Dios**. El judío creía en la existencia de un solo Dios, Yavé.
- **Un pueblo**. Los judíos estaban convencidos de que Israel era el pueblo elegido por Dios con el que estableció un pacto, una alianza.
- **Una ley**. Para los judíos Dios había revelado su voluntad al pueblo mediante una ley que todos debían cumplir.

Las normas

Además de estas creencias, los judíos tenían una serie de obligaciones y ritos que cumplir:

- **La ley religiosa**. La ley dirigía la vida religiosa, moral y civil de los judíos. Para ellos la ley expresaba la voluntad de Dios. El trabajo de interpretación de la ley escrita era realizado por los escribas.
- **El sábado**. El sábado es, con la circuncisión, la práctica más sagrada. Es un día de descanso estricto para alabar a Dios.

Las fiestas

Las fiestas más importantes para los judíos eran las de peregrinación. Se reunían junto al templo y reforzaban su fe.

- La fiesta de **Pascua**, que duraba ocho días, reunía a miles de peregrinos en Jerusalén. Se conmemora la liberación del pueblo de Israel de la esclavitud en Egipto. Se celebra con la inmolación y comida de un cordero en la tarde-noche del día 14 del mes de nisán.
- La fiesta de **Pentecostés**. Es una fiesta de acción de gracias al finalizar la cosecha. También se conmemora la alianza de Dios con su pueblo en el Sinaí.
- La fiesta de las **Tiendas** o de las Chozas recuerda la estancia del pueblo judío en el desierto. Cada familia levanta una choza en los alrededores de la ciudad.

Los centros religiosos

- **El Templo**. El gran templo de Jerusalén significaba la presencia permanente de Dios en medio de su pueblo. En él se celebraba a diario el culto a Yavé.
- **La sinagoga**. La palabra sinagoga significa reunión de los creyentes. Luego, como sucede con la palabra iglesia, pasó a designar el edificio donde se reúne la comunidad. En ella se leen y comentan los textos sagrados.

Maqueta del templo de Jerusalén

actividad

Explica el significado de estas frases bíblicas y relaciónalas con los conceptos desarrollados.

a) Escucha Israel, el Señor es nuestro Dios, el Señor es uno (*Dt,6,4*)
b) Honra a tu padre y a tu madre... No matarás... No robarás... (*Ex 20,1-17*)
c) Si me obedecéis y guardáis mi alianza, vosotros seréis mi pueblo (*Ex 19,5*)
d) Jesús llegó a Nazaret, entró en la sinagoga un sábado e hizo la lectura (*Lc 4,15*)
e) Llegó el día de la fiesta en que debía inmolarse el cordero pascual (*Lc 22,7*)
f) No convirtáis la casa de mi Padre en un mercado (*Jn 2,16*)

4. Los evangelios no son biografías de Jesús

¿Qué son los evangelios?

Los evangelios son escritos elaborados por los seguidores de Jesús. "Evangelio" es una palabra griega. Significa "buena noticia".

1 Fíjate en estos dos textos:

- El primero está al comienzo del evangelio de Marcos. Sustituye en él la palabra "evangelio" por la de "buena noticia". ¿Cuál es la buena noticia que se anuncia?
- El segundo pertenece al evangelio de Juan. ¿Cuál es la intención que tiene el autor al narrarnos los hechos de la vida de Jesús?

Después que Juan fue arrestado, marchó Jesús a Galilea, proclamando el evangelio. Decía:

– Se ha cumplido el plazo y está llegando el reino de Dios.

(Mc 1,14-15)

Jesús hizo en presencia de sus discípulos muchos más signos de los que han sido recogidos en este libro. Estos han sido escritos para que creáis que Jesús es el mesías, el Hijo de Dios, y para que, creyendo, tengáis en él vida eterna.

(Jn 20,30-31)

2 Lee el comienzo del evangelio de Lucas y después responde a las siguientes cuestiones:

- ¿Cómo pudo Lucas escribir todas estas cosas de Jesús si no fue testigo directo de su vida? ¿Con qué fin escribe Lucas su evangelio?
- En el texto se deja entrever que hay tres etapas en la escritura de un evangelio. ¿Sabrías distinguir cuáles son estas tres etapas? Contrasta después tu contestación con el cuadro que tienes en la página siguiente.

Ya que muchos se han propuesto componer un relato de los acontecimientos que se han cumplido entre nosotros, según nos lo transmitieron quienes desde el principio fueron testigos oculares y ministros de la palabra, me ha parecido también a mí, después de haber investigado cuidadosamente todo lo sucedido desde el principio, escribirte una exposición ordenada, ilustre Teófilo, para que llegues a comprender la autenticidad de las enseñanzas que has recibido.

(Lc 1,1-4)

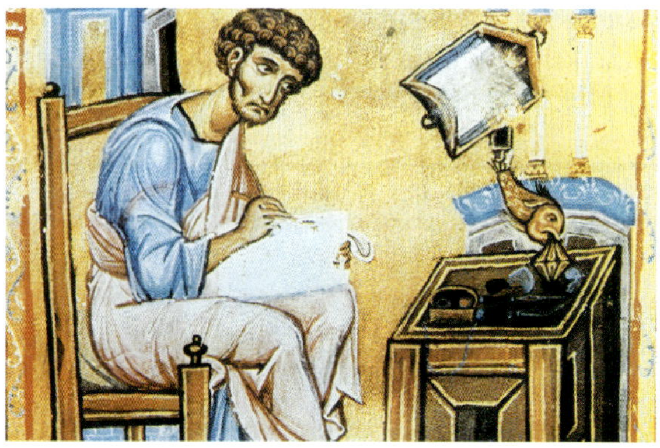

¿Qué significa la palabra "evangelio"?

La palabra "evangelio" es de origen griego. Significa "buena noticia", "noticia que causa felicidad". ¿Cuál es esa buena noticia? Para los primeros cristianos, esa buena noticia es Jesucristo: su vida, su mensaje, su salvación. Todo eso es una buena noticia. Es el evangelio de Cristo.

Evangelistas. Catedral de Colonia

Los evangelistas no pretendieron escribir biografías de Jesús, sino dar testimonio de su fe

Los evangelios no son biografías de Jesús

Los evangelios no son biografías de Jesús, aunque en ellos encontremos hechos y acontecimientos de su vida. En la vida de Jesús no hubo un cronista que fuera siguiendo paso a paso a Jesús y apuntara todo lo que él hacía y decía. Los evangelios no son escritos redactados por biógrafos interesados en recoger con precisión las palabras y los hechos de Jesús tal como sucedieron históricamente. Se trata más bien de testimonios de fe de hombres que han creído en Jesús resucitado y que pretenden, de diversas maneras, anunciar a Jesucristo y proclamar la salvación.

La intención de los evangelistas al escribir los evangelios fue:

– Dar a conocer lo más significativo de la vida y el mensaje de Jesús.

– Dar testimonio de su fe en Jesús como Salvador e Hijo de Dios.

– Invitar a otros muchos a que creyeran en Jesús.

El proceso de formación de los evangelios

Los evangelios se escribieron a través de un largo proceso que duró muchos años y en el que intervinieron muchas personas. El siguiente cuadro recoge este proceso dividido en cuatro etapas.

años	etapas	acontecimientos
1 al 30	**VIDA DE JESÚS**	Hacia los años 27-28, Jesús de Nazaret escoge a algunos discípulos y con ellos proclama con palabras y con hechos la venida del reino de Dios. Condenado por los responsables religiosos, es crucificado por los romanos hacia el año 30.
30 al 50	**TRANSMISIÓN ORAL**	La resurrección de Jesús y la venida del Espíritu Santo en Pentecostés hacen comprender a los discípulos que Jesús es el Hijo de Dios, el Salvador. Narran su experiencia vivida con Jesús. En torno a ellos van surgiendo pequeñas comunidades cristianas.
50 al 70	**SE ESCRIBEN ALGUNOS TEXTOS**	Estas comunidades recurren a las palabras de Jesús para resolver todas las cuestiones que les plantea su vida y mantener viva su fe. Poco a poco, estos recuerdos se van poniendo por escrito agrupados en colecciones. Los utilizan fundamentalmente para la predicación, la celebración de la eucaristía y la catequesis de los nuevos bautizados.
70 al 100	**SE ESCRIBEN LOS EVANGELIOS**	Cuatro evangelistas recogen las tradiciones orales y los escritos y, en un lento trabajo de composición, escriben los evangelios. Lo hacen en fechas y lugares diferentes. Al escribir tienen en cuenta los problemas y necesidades de las comunidades a las que se dirigen.

5. Los cuatro evangelios

Cuatro miradas sobre Jesús

Los evangelios, como hemos visto, se pusieron por escrito más de 30 años después de la muerte de Jesús. Los redactaron cuatro autores en fechas y lugares distintos.

1 Copia este cuadro en tu cuaderno y trata de completarlo con la información de esta página.

evangelista	qué se sabe del autor	fecha de composición	destinatarios	cómo presenta a Jesús	símbolo del evangelista
Mateo					
Marcos					
Lucas					
Juan					

Mateo

Se le atribuye tradicionalmente a este cobrador de impuestos convertido en uno de los doce apóstoles *(Mt 9,9)*.

Al parecer, su autor es un cristiano de origen judío que no conoció a Jesús, pero sí conocía bien el ambiente social de Palestina y las Escrituras.

Se escribió entre los años 80 y 90, quizá en Antioquía para los judíos cristianos de la ciudad. Enfrentados con el judaísmo oficial, expulsados de las sinagogas, el evangelista les muestra que son ellos el verdadero Pueblo de Dios anunciado en el Antiguo Testamento.

Ataca con firmeza a los fariseos y muestra cómo en Jesús se cumplen las Escrituras. Él es el Salvador anunciado por los profetas.

Su símbolo es un hombre.

Marcos

Parece ser el joven que se cita en los Hechos de los apóstoles *(Hch 12,12)* que acompaña a Pablo en sus viajes y después se vuelve con su madre.

La tradición lo presenta como "secretario" de Pedro en Roma.

Fue escrito hacia el año 70 en Roma, para una comunidad de cristianos no judíos amenazada por la persecución. El lenguaje empleado es sencillo. ¿Su autor quiso transmitir la predicación de Pedro en Roma?

Intenta hacernos ver que Jesús es el mesías, el Hijo de Dios. Su forma de actuar, sus milagros y su autoridad así lo atestiguan.

Su símbolo es un león.

Lucas

Se reconoce en él al "médico querido" *(Col 4, 14)* que acompañó a Pablo en Mileto y Roma. Posiblemente es griego y muestra una gran cultura.

Escrito en griego entre los años 80 y 90 para griegos convertidos al cristianismo que conocen mal las Escrituras y costumbres judías, y el evangelista se preocupa por enseñárselas.

El mismo autor escribió los Hechos de los apóstoles.

Muestra cómo en Jesús Dios visita a su pueblo y viene a manifestarle su amor. Es el que más insiste en la bondad de Jesús, su perdón y misericordia. Es muy duro con los ricos.

Su símbolo es un toro.

Juan

En su fuente parece estar el apóstol preferido por Jesús, un joven pescador de Galilea. Pero desconocemos al autor material del evangelio.

Se escribió entre los años 95 y 100, probablemente por un grupo de discípulos que meditaban las enseñanzas de Juan. Sus destinatarios pudieron ser cristianos judíos y no judíos de la ciudad de Éfeso.

Nos muestra a Jesús como un retrato de Dios, la Palabra del Padre. Dios "se ha hecho carne" en Jesús. Usa un lenguaje muy simbólico para decirnos quién es Jesús: el pan de vida, el buen pastor.

Su símbolo es un águila.

2 Tres de los evangelios son muy parecidos. Tanto que podemos poner las tres versiones de un mismo texto en paralelo y compararlas.

Estos tres relatos narran un mismo hecho: la curación de la suegra de Pedro. Lee las tres versiones con atención y responde a las cuestiones que se plantean.

- Copia los textos en tu cuaderno y subraya con un mismo color las palabras iguales o semejantes, que aparecen en los tres textos. Después, subraya con colores diferentes las palabras que solo aparecen en Marcos, en Lucas o en Mateo.
- Por el hecho de que haya palabras comunes a los tres, podemos pensar que los tres evangelistas han "copiado" un relato común. ¿Podrías reconstruir este relato primitivo?
- A la vista de las palabras propias de cada evangelio, ¿sabrías señalar qué aspectos de Jesús o del propio milagro intenta destacar cada evangelista?

Hay relatos en los evangelios que tienen un gran parecido entre sí

Curación de la suegra de Pedro		
Al llegar Jesús a la casa de Pedro, encontró a la suegra de este acostada con fiebre. Jesús tomó su mano y la fiebre desapareció. Ella se levantó y se puso a servirle. *(Mt 8,14-15)*	Al salir de la sinagoga, Jesús se fue inmediatamente a casa de Simón y de Andrés, con Santiago y Juan. La suegra de Simón estaba en cama con fiebre. Le hablaron en seguida de ella, y él se acercó, la cogió de la mano y la levantó. La fiebre le desapareció y se puso a servirlos. *(Mc 1,29-31)*	Salió de la sinagoga y entró en casa de Simón. La suegra de Simón tenía mucha fiebre, y le rogaron que la curase. Entonces Jesús, inclinándose sobre ella, increpó a la fiebre, y la calentura desapareció. La mujer se levantó inmediatamente y se puso a servirles. *(Lc 4,38-39)*

Los evangelios sinópticos

Tres de los cuatro evangelios, los de Mateo, Marcos y Lucas, son muy parecidos en su organización y en su contenido. Por esta razón se los llama *evangelios sinópticos*. Podríamos poner los textos en paralelo y compararlos. ¿A qué se debe este parecido?

Simplificando mucho, se puede decir que el autor del evangelio de Marcos, el evangelio más antiguo, se sirvió de una colección de textos que narraban sobre todo hechos de la vida de Jesús.

Los autores de los evangelios de Mateo y Lucas conocieron y utilizaron el texto de Marcos y se sirvieron también de otra fuente que contenía palabras y discursos de Jesús (se le llama *fuente Q*). Además de estas dos fuentes, la de Marcos y la fuente Q, los evangelistas Mateo y Lucas utilizaron una tercera fuente propia cuyo contenido desconocemos.

El esquema que tienes a la derecha te puede ayudar a comprender esto.

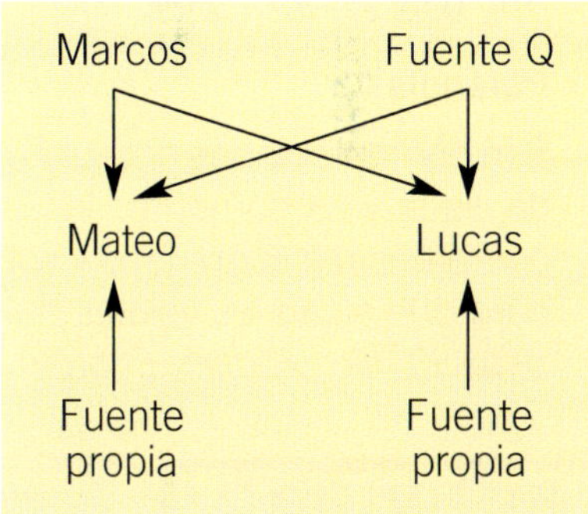

Evangelios apócrifos

Hay otros evangelios llamados apócrifos. Tratan especialmente dos momentos de la vida de Jesús: su infancia y su pasión. Estos relatos, aunque a veces tengan datos correctos, son una mezcla de buena voluntad y fantasía. Quizás por eso han tenido mucha influencia en las devociones populares.

Aparecieron a partir del siglo II y nunca han sido reconocidos por la Iglesia como Palabra de Dios.

De entre los apócrifos podemos destacar el *Evangelio de los Nazarenos y el Evangelio de Tomás.*

VOCABULARIO

Sinopsis. Esquema, resumen de algo que se presenta en sus líneas esenciales. Del griego *synopsis* (resumen que se abarca de una ojeada).

Apócrifo. Falso, supuesto o fingido. Del griego *apókriphos* (secreto, oculto).

6. Los géneros literarios en los evangelios

Al igual que los autores del Antiguo Testamento, los evangelistas usaron diferentes géneros literarios propios de su época. Lo hacían así cuando querían obtener un efecto concreto en los lectores.

Los principales géneros literarios que contiene el Nuevo Testamento son:

Narraciones

Describen hechos de la vida de Jesús:

- Unas veces, estas narraciones recogen acciones milagrosas de Jesús. Por ejemplo, las curaciones de un leproso, de un ciego o de un paralítico.
- Otras, se refieren a Jesús mismo. Por ejemplo, el bautismo, las tentaciones en el desierto, su pasión, su muerte.
- Otras, son narraciones escritas para encuadrar un dicho importante de Jesús. Por ejemplo: *El que cumple la voluntad de Dios, ese es mi hermano, mi hermana y mi madre.*

PEDRO BERRUGUETE, *San Juan* (detalle)

Los evangelistas se sirvieron de diferentes géneros literarios para transmitir el mensaje de Jesús

Relatos de vocación o de llamada de Jesús a sus discípulos.

Son generalmente relatos breves. Una mirada o una frase son suficientes: a Leví o Mateo le dice simplemente "sígueme"; a Pedro y Andrés les convoca con la frase "veníos detrás de mí y os haré pescadores de hombres".

Discursos

Son consejos y recomendaciones que Jesús da a sus discípulos. Por ejemplo: *Vosotros sois la luz del mundo. Brille de tal modo vuestra luz delante de los hombres que, al ver vuestras buenas obras, den gloria a vuestro Padre que está en los cielos.*

Parábolas

Son comparaciones desarrolladas bajo la forma de una pequeña historia sacada de la vida corriente. Jesús las usaba para dar una enseñanza fácilmente comprensible sobre Dios y sobre el reino. Intentan hacer reflexionar a la gente para que sigan los valores del reino. Ejemplos de parábolas son *La oveja perdida, El hijo pródigo, El buen samaritano...*

actividad

En la columna de la izquierda tienes varias citas de los evangelios. Busca los textos y averigua a qué género literario pertenecen.

Relatos	Género literario
Mt 7,13	
Mt 9,9	
Mc 1,9-11	
Mc 1,29-31	
Lc 6,27-36	
Lc 15,1-7	

PIERO DELLA FRANCESCA, *Bautismo de Jesús* (fragmento)

7. Otros libros del Nuevo Testamento

Además de por los cuatro evangelios, el Nuevo Testamento está formado por otros 23 libros.

San Pablo, después de su conversión, se convirtió en un infatigable predicador de la buena noticia de Jesús

Hechos de los Apóstoles

Se escribió a finales del siglo I. Para Lucas, su autor, es como una segunda parte de su evangelio. Narra el crecimiento de la Iglesia en sus primeros años. Nos muestra cómo la comunidad cristiana continúa la misión que Cristo comenzó. Sus principales protagonistas son los apóstoles Pedro y Pablo.

Las cartas de Pablo

De las 21 cartas con que cuenta el Nuevo Testamento, 13 se atribuyen a san Pablo. Era un judío, fariseo intransigente, nacido en Tarso (en la actual Turquía). Persiguió a los discípulos de Jesús hasta su encuentro con Cristo resucitado en el camino de Damasco hacia el año 35 d. C. A partir de este momento se convierte en el mejor predicador de la buena noticia de Jesús.

Escribe cartas a las comunidades cristianas del Mediterráneo para animarles en su fe y exhortarles a ser fieles al mensaje del evangelio. Algunas de estas cartas están dirigidas a los corintios, los romanos, los tesalonicenses, los filipenses, los colosenses, los efesios...

Estas cartas suministran los primeros datos sobre la vida y las circunstancias de las diversas comunidades cristianas.

Las cartas católicas

Las otras cartas del Nuevo Testamento son conocidas por el nombre de aquellas personas que la tradición considera sus autores: Juan, Pedro, Santiago..., en lugar de por el de sus destinatarios, como ocurre con las cartas de san Pablo.

El Apocalipsis

Es el último libro del Nuevo Testamento. *Apocalipsis* es una palabra griega que significa "quitar el velo", descorrer el velo que oculta algo. Su autor intenta mostrar lo que nos espera al final de los tiempos: la intervención de Dios para salvar a la humanidad.

Es un libro lleno de símbolos. Está dirigido a los cristianos de Roma que padecen persecución en tiempos del emperador Domiciano (años 81-96). Su mensaje está lleno de optimismo.

en la red

http://usuarios.lycos.es/liberapocalipsi/

En esta página encontrarás el texto del Apocalipsis con bellas ilustraciones de códices antiguos.

actividad

Los Hechos de los Apóstoles narran la muerte de Esteban, el primer mártir cristiano. Fíjate en el relato. El autor quiere mostrar que Esteban encara su muerte como el mismo Jesús. Lee los dos textos y anota al menos tres coincidencias en ambas narraciones.

Muerte de Jesús *(Lc 23,33-46)*	Muerte de Esteban *(Hch 7,54-60)*

Síntesis

COMPRUEBA LO QUE SABES

1. Asegúrate de que sabes explicar correctamente lo que significan estas palabras.

Palestina	
Galilea	
Judea	
Samaría	
Publicano	
Gentil	
Fariseos	
Zelotas	
Sinagoga	

2. Relaciona cada palabra con cada frase y explica su significado.

Sinopsis	Buena noticia.
Biografía	Escrito que guarda semejanza con el texto bíblico, pero no reconocido por la Iglesia como inspirado por Dios.
Apócrifo	Resumen que se abarca de una ojeada. Visión de conjunto.
Evangelio	Último libro del Nuevo Testamento.
Parábola	Relato o historia de la vida de una persona.
Apocalipsis	Comparación en forma de relato para dar una enseñanza.

actividades complementarias

1. Completa este acróstico siguiendo los enunciados.

1. Una de las cartas de san Pablo.
2. El protagonista de los evangelios.
3. Era un cobrador de impuestos.
4. Buena Noticia en lengua griega.
5. Lo son Lucas, Marcos y Mateo.
6. Personaje que intervino en la condena de Jesús.
7. El acontecimiento trascendental de los evangelios.
8. El último libro del Nuevo Testamento.
9. La ciudad natal de Pablo.
10. Escribió los Hechos de los apóstoles.
11. Lo es la multiplicación de los panes.
12. Lo era Lucas.
13. El discípulo más querido por Jesús.
14. Lo son las dirigidas a los corintios y filipenses.
15. Lengua en que se escribieron los evangelios.

1. ____N____
2. ___U_
3. ___E_
4. _V_______
5. ___O______
6. ____T_
7. _E__________
8. ________S__
9. T____
10. ___A_
11. M______
12. _E____
13. ___N
14. ___T__
15. _____O

2. ¿Qué relación tienen estas viñetas de Nando con lo visto en la unidad? ¿Qué dicen acerca de la Biblia? ¿Y acerca de Dios?

3. Este fragmento de papiro fue hallado en las arenas de Egipto. Es el texto más antiguo que se conserva del Nuevo Testamento. Los especialistas lo fechan hacia el año 125 de nuestra era. Contiene unos versículos del evangelio de Juan *(Jn 18,31-33.37-38)*.

– ¿A qué momento de la vida de Jesús se refieren?

– Recuerda cuándo y dónde se escribió el evangelio de Juan.

4. Completa correctamente estos textos del Compendio del Catecismo de la Iglesia Católica con las siguientes palabras:

Escrituras, verdad, testimonio, Juan, Iglesia, Nuevo, evangelios, Jesucristo, revelación

El _______ Testamento, cuyo objeto central es _______ , nos transmite la _______ definitiva de la _______ divina. Dentro de sus escritos, los cuatro _______ de Mateo, Marcos, Lucas y _______ son el principal _______ de la vida y doctrina de Jesús, constituyen el corazón de todas las Sagradas _______ y ocupan un puesto único en la _______ (Compendio CIC n.º 22).

en la red

www.labibliaonline.com

En esta página puedes encontrar todos los libros del Antiguo y Nuevo Testamento.

www.encuentra.com

Entrando en *Imágenes/Nuevo Testamento* encontrarás cuadros de pintores que a lo largo de la historia han narrado en sus pinturas escenas del Nuevo Testamento.

Marginados de ayer y de hoy

En la sociedad en que vivió Jesús había grandes grupos de marginados. Las causas eran muy diversas: religiosas, morales, lugar de procedencia, etc. En la actualidad también existen grupos de personas marginadas y excluidas de la sociedad. Las causas también son muy diversas, pero entre ellas están el vigente sistema económico, la lucha de poder y el egoísmo de las sociedades opulentas.

Marginados de ayer

Los publicanos

Los publicanos eran personas marginadas porque cobraban, por indicación de los romanos, los tributos sobre las mercancías importadas. Como el dinero cobrado tenía que sobrepasar el tributo para que les quedara ganancia, cometían muchos abusos. Por esta razón el pueblo los odiaba y tenía por ladrones.

La relación que Jesús mantuvo con los publicanos, le ocasionó la crítica despiadada de los fariseos y doctores de la ley. Lo acusaban de vincularse a pecadores y de contaminarse con ellos, además de ir en contra de la ley. Jesús justifica su posición apelando a la prioridad de salvar a los excluidos, a los que sufren, a los humildes, a los necesitados.

Los gentiles (los que no eran judíos) y los pecadores públicos (ladrones, prostitutas, adúlteras, etc.) eran discriminados por motivos morales y religiosos

La mujer

En la sociedad del tiempo de Jesús, la mujer no tenía los mismos derechos civiles y religiosos que el hombre. Una mujer dependía totalmente de su padre hasta que se casaba. En torno a los 12 años se celebraban los esponsales para, un año después, contraer matrimonio. A partir de entonces, la mujer dependía totalmente del marido. También en la actividad religiosa la mujer sufría discriminación. Un ejemplo de ello es que en el templo no podía pasar del atrio reservado para ellas y para los gentiles.

Jesús devuelve a la mujer su dignidad original y mantiene con ella una actitud cercana y de igualdad. Algunos de sus comportamientos con las mujeres fueron considerados por sus discípulos como algo sorprendente y, por sus adversarios, como algo escandaloso.

Los enfermos

En tiempo de Jesús, determinados enfermos, sobre todo de la piel (tenidos por leprosos) y de afecciones mentales o nerviosas (calificados como posesos), se veían apartados de toda vida social, incluso de la religiosa. También aquellos que padecían algún tipo de minusvalía: cojos, ciegos, paralíticos, etc., que frecuentemente se convertían en mendigos.

Al igual que otros antiguos pueblos de Oriente, los judíos creían que la enfermedad se debía a la intervención de fuerzas sobrenaturales. Pensaban que la enfermedad era consecuencia de algún pecado cometido contra Dios, el cual se vengaba en la carne del ofensor. Curar las enfermedades era casi exclusivamente tarea de sacerdotes y magos, a los que se recurría para que, a base de ritos, exorcismos, fórmulas mágicas y misteriosas recetas, curaran a los enfermos. Ante estos, Jesús siente compasión y los acoge.

Marginados de hoy

Inmigrantes sin recursos

Personas procedentes de países no desarrollados que buscan en los lugares de destino un espacio donde poder vivir mejor.

Con frecuencia son engañados por las mafias que les ofrecen paraísos y lo único que hacen es explotarlos.

A esto hay que sumar un cierto grado de rechazo por parte de la sociedad de acogida que, en muchas ocasiones, pone trabas a su integración.

Hay quienes les consideran intrusos que se apoderan del trabajo que corresponde a los ciudadanos de su país, cuando la realidad es que, en la mayoría de los casos, desarrollan labores que otros no quieren aceptar.

También hay quienes consideran que los responsables de su pobreza son ellos mismos que no han sabido utilizar sus recursos, olvidando que muchos de esos países, colonias de los estados poderosos, han sufrido durante siglos la explotación de sus recursos naturales.

La consecuencia de todo esto es que, como en sus países pasan hambre, muchos buscan una salida desesperada en aquellos países del Norte rico que pueda proporcionarles un mínimo grado de bienestar.

Los "sin techo"

En nuestro país, más de un millón de personas sufre pobreza severa. En este colectivo se encuentran los "sin techo".

Este término, utilizado para denominar a las personas sin hogar, es especialmente grave cuando se refiere a los mayores, sin posibilidades ya de integración social a través de un trabajo, debido a la jubilación, al deterioro físico o mental, al aislamiento social o al desarraigo familiar.

Estas personas no han elegido esta forma de vida, sino que determinadas circunstancias les han llevado a esta situación.

Apartados, no queridos, solos, piensan que ya no pertenecen a esta sociedad. Su vida está en la calle, sus casas son de cartón.

Bajo las estrellas, y con el ruido del tráfico de fondo, pasan las noches frías del invierno soñando que algún día las cosas puedan cambiar.

Otros colectivos

Han variado mucho las costumbres desde los tiempos de Jesús hasta la actualidad, pero lo que parece no haber cambiado es la existencia de numerosos grupos de marginados de la sociedad.

A pesar de las leyes internacionales que prohíben el trabajo de menores, hay millones de niños que desde edades muy tempranas se ven obligados a trabajar en tareas propias de los adultos, algunas de ellas con grave riesgo para su vida y su salud. No pueden asistir a la escuela porque tienen que trabajar y al no obtener unos conocimientos elementales no tienen acceso a un puesto de trabajo digno. Son marginados en el presente y firmes candidatos a serlo en el futuro.

Muchas mujeres, especialmente chicas jóvenes atraídas por la sociedad del bienestar de los países ricos, han sido presa fácil de mafias. Bajo promesas de un trabajo digno, estas chicas jóvenes han aceptado viajar a otro país. Una vez en él, indefensas y desposeidas de su documentación, se han visto obligadas a ejercer la prostitución para pagar la deuda contraída con sus captores.

CUESTIONES PARA EL DEBATE

Al igual que en los temas anteriores, os proponemos realizar un debate a partir de estas cuestiones.

1.ª ¿Con cuál de estas expresiones estás más de acuerdo: *El responsable de su marginación es el propio marginado* o *La marginación es fruto del sistema económico imperante en la actualidad.*

2.ª ¿Quién tiene más razón, los que afirman que *La marginación es fruto de la injusticia* o los que dicen que *La marginación es fruto de la incultura?*

3.ª *El sistema capitalista genera en la sociedad más perjuicios que beneficios.*

5

Vida en comunidad

JESÚS SE RODEÓ DE UN GRUPO DE DISCÍPULOS DE ENTRE LOS QUE ESCOGIÓ A DOCE COMO COLABORADORES MÁS CERCANOS. DESPUÉS DE SU MUERTE Y RESURRECCIÓN, JESÚS SUBIÓ AL CIELO Y SUS APÓSTOLES CONTINUARON SU OBRA. ¿QUÉ HICIERON? ¿CÓMO CUMPLIERON LO QUE JESÚS LES HABÍA PEDIDO?

Sabías que ...

- En el Nuevo Testamento, las palabras *comunidad* e *iglesia* traducen un mismo término griego, "ekklesia", que significa asamblea, reunión.
- Fue en Antioquía donde a los discípulos de Jesús se les empezó a llamar "cristianos".
- En las primeras comunidades cristianas se llamaban *hermanos* unos a otros.

Para dialogar

- Observando las fotografías de estas páginas, ¿podrías explicar la diferencia entre estar solo, estar en medio de una masa o pertenecer a una comunidad?
- ¿Qué te sugiere la palabra *iglesia*?
- ¿Sabes cuál es el significado de los sacramentos de la confirmación y del orden sacerdotal?

Lo que vamos a estudiar

→ Algunos hechos y palabras de la vida de Jesús en los que manifiesta su voluntad de que los discípulos vivan unidos.

→ El acontecimiento de Pentecostés como el impulso definitivo de la nueva comunidad de los cristianos tras la muerte de Jesús.

→ Dos sacramentos para apoyar la misión de la comunidad cristiana: la confirmación y el orden sacerdotal.

1. Jesús se rodea de un grupo

Veníos detrás de mí

Una de las primeras cosas que hizo Jesús al comienzo de su vida pública fue elegir a un grupo de discípulos.

1 Lee estos textos del evangelio en los que Jesús convoca a sus seguidores y les habla sobre cómo tienen que vivir.

– ¿Qué nuevas relaciones dice Jesús que se establecen entre todos ellos?

– ¿Qué misión les confía?

– ¿Cómo tienen que comportarse los responsables de este grupo?

Jesús se acercó y se dirigió a ellos con estas palabras:

– Dios me ha dado autoridad plena sobre cielo y tierra. Poneos, pues, en camino, haced discípulos a todos los pueblos y bautizadlos para consagrarlos al Padre, al Hijo y al Espíritu Santo, enseñándoles a poner por obra todo lo que os he mandado.

(Mt 28,19-20)

Llegaron su madre y sus hermanos y desde fuera lo mandaron llamar. La gente estaba sentada a su alrededor, y le dijeron:

– ¡Oye! Tu madre, tus hermanos y tus hermanas están fuera y te buscan.

Jesús les respondió:

– ¿Quiénes son mi madre y mis hermanos?

Y mirando entonces a los que estaban sentados a su alrededor, añadió:

– Estos son mi madre y mis hermanos. El que cumple la voluntad de Dios, ese es mi hermano, mi hermana y mi madre.

(Mc 3,31-35)

Jesús los llamó y les dijo:

– Sabéis que los que figuran como jefes de las naciones las gobiernan tiránicamente y que sus magnates las oprimen. No ha de ser así entre vosotros. El que quiera ser grande entre vosotros, que sea vuestro servidor; y el que quiera ser el primero entre vosotros, que sea esclavo de todos.

(Mc 10,42-44)

2 El autor de estas viñetas ha querido reflejar el espíritu que se vivía entre los primeros discípulos de Jesús, aquellos que luego constituyeron la base de los apóstoles. Lee *Mt 5,13* y *Mt 13,33* y encontrarás los textos a los que hacen referencia estas viñetas.

– ¿Cuál era el sentimiento común que les unía?

– ¿Con qué se compara al grupo de discípulos?

JOSÉ LUIS CORTÉS, *Un Señor como Dios manda.* Madrid, PPC

Maestro y discípulos

Domenico Ghirlandaio, *Vocación de los apóstoles*

Los apóstoles son los colaboradores más cercanos de Jesús

Los cuatro evangelios cuentan cómo Jesús, desde el principio de su vida pública, llamó a algunas personas para que estuvieran junto a él y vivieran con él todo el proceso de su predicación a lo largo y ancho de Palestina.

En el evangelio, los que componen este grupo más reducido reciben el nombre de discípulos. El discípulo no se limita a escuchar las enseñanzas del maestro, sino que le sigue, convive con él y acepta su palabra haciéndola una forma de vida.

Estas personas constituyen el grupo íntimo de Jesús: a ellos les cuenta sus inquietudes y con ellos comparte sus estados de ánimo y su vida interior. Establece con todos ellos un alto nivel de comunicación.

Entre ese grupo de discípulos se encuentran muchas mujeres, alguna de las cuales, como María Magdalena, le acompañarán hasta la cruz. Además de este grupo, más o menos estable, Jesús reunía a muchedumbres en los diferentes lugares que visitaba.

En un momento determinado de su vida pública, Jesús escoge a 12 de sus discípulos y les da el calificativo de apóstoles, que significa "enviados". Son sus colaboradores más cercanos y sobre ellos recae la responsabilidad de animar la comunidad de los cristianos a la muerte de Jesús.

Los seguidores de Jesús, un grupo distinto

En tiempos de Jesús existían también otros maestros que contaban con discípulos. Jesús se desmarcó claramente de ellos por varias razones, entre ellas por el hecho de que entre sus seguidores hubiera mujeres. Pero también por lo que Jesús pedía y esperaba del grupo de sus seguidores. Son más que compañeros: entre ellos se establece una relación intensa, como la de una nueva familia, una auténtica comunidad de hermanos unidos por el amor del Dios Padre de Jesús.

Además, la autoridad dentro de ese grupo no debe nunca ejercerse como poder, sino, siguiendo el ejemplo de Jesús, como auténticos servidores: "El que quiera ser grande entre vosotros sea vuestro servidor".

Masaccio, *Predicación de san Pedro*

La misión que Jesús encomienda a sus discípulos es la de anunciar a todo el mundo el reino de Dios

Continuadores de la obra de Jesús

El grupo de los discípulos no solo está destinado a vivir una nueva relación de fraternidad en el interior de la comunidad, sino que también debe "dar fruto", es decir, continuar la obra de Jesús extendiendo el trabajo y la predicación sobre el reino de Dios.

Su misión consiste en anunciar a todo el mundo el mensaje y la forma de vida a la que Jesús llama.

Jesús confía a sus discípulos la misma misión que él desempeñó: que vivan en profundidad el hecho de que Dios Padre nos ama, y que anuncien y lleven a todo el mundo ese amor.

2. El Espíritu Santo, la fuerza de Dios

Recibid el Espíritu Santo

Después de la muerte y resurrección de Jesús, él continuó animando a sus discípulos a cumplir su misión.

1 A pesar de que Jesús, después de su muerte, había dado testimonio de que estaba vivo, sus discípulos se hallaban muy desconcertados. Incluso tenían miedo de lo que pudieran hacer las autoridades que habían condenado a Jesús.

– Según las viñetas, ¿cuál crees que es la decepción principal de los discípulos?

JOSÉ LUIS CORTÉS, *Tus amigos no te olvidan.* Madrid, PPC

2 A los 50 días después de la resurrección de Jesús, ocurrió algo que transformó a los discípulos en su interior. El relato lo encontramos en los *Hechos de los apóstoles*.

– ¿Qué sucede y qué consecuencias tiene para los discípulos de Jesús?

– ¿Con qué imágenes, tanto visuales como auditivas, describe el texto bíblico este acontecimiento? ¿Cómo han representado los artistas esta escena?

Al llegar el día de Pentecostés, estaban todos juntos en el mismo lugar. De repente vino del cielo un ruido, semejante a un viento impetuoso, y llenó toda la casa donde se encontraban. Entonces aparecieron lenguas como de fuego, que se repartían y se posaban sobre cada uno de ellos. Todos quedaron llenos del Espíritu Santo y comenzaron a hablar en lenguas extrañas, según el Espíritu Santo los movía a expresarse. Se hallaban por entonces en Jerusalén judíos piadosos venidos de todas las naciones de la tierra. Al oír el ruido, acudieron en masa y quedaron estupefactos, porque cada uno los oía hablar en su propia lengua.

(Hch 2,1-6)

JOSÉ LUIS CORTÉS, *Tus amigos no te olvidan.* Madrid, PPC

La fiesta de Pentecostés

Pentecostés era una de las tres grandes fiestas de peregrinación de los israelitas al templo de Jerusalén. Por eso la ciudad estaba llena de judíos procedentes de todas partes. En Pentecostés se celebraba la entrega de la Ley por parte del Señor a Moisés en el monte Sinaí, y se ofrecían las primicias de la cosecha. En este ambiente estaban reunidos los discípulos.

Lo que ocurre el día de Pentecostés es un fenómeno interior: los discípulos se llenan del Espíritu Santo. La manifestación exterior de esta presencia de Dios por medio del Espíritu Santo consiste en un gran ruido y en unas lenguas de fuego. Viento, ruido y fuego ya estaban presentes en el Antiguo Testamento cuando Dios se aparecía, como en el caso del Sinaí.

Los discípulos se sienten transformados por este impulso interior y se lanzan a comunicar las grandezas de Dios, es decir, a predicar ante los que habían venido a Jerusalén para la fiesta, y cada uno les entendía en su propia lengua.

En Pentecostés se manifiesta la Iglesia

En Pentecostés se cumple la promesa: el Espíritu Santo se derrama en los corazones de los discípulos y estos reciben la fuerza necesaria para ser testigos de Jesús. El signo de que han recibido esa fuerza es que empiezan a predicar y a dar testimonio de su fe.

El hecho de que se manifiesten en lenguas extranjeras indica que se cumple el mandato de Jesús de predicar a todos los pueblos. El mensaje de Jesús no es solo para los judíos.

Jesús ya no les acompaña día a día como antes, pero ahora los discípulos tienen la ayuda del Espíritu Santo, que será como la presencia cercana de Dios, que les da fuerza y les ayuda a comprender el mensaje de Jesús.

En Pentecostés nace la comunidad de los discípulos de Jesús, nace la Iglesia. A partir de este momento inicial, la Iglesia no hará más que extenderse por el mundo.

JUAN DE FLANDES, *Pentecostés*

En Pentecostés nace la comunidad de los discípulos de Jesús

El Espíritu Santo, la fuerza cercana de Dios

A lo largo de su vida, Jesús anunció a sus discípulos que enviaría al Espíritu para que les acompañara. Los discípulos aprendieron de Jesús que, siendo él Dios, también se relaciona con el Padre y con el Espíritu. Comprendieron que el Dios cristiano es Trinidad.

El Espíritu es Dios amor hecho fuerza interior que acompaña y anima. Jesús prometió a sus discípulos que no les abandonaría nunca.

Su Espíritu sigue presente a lo largo de toda la historia.

VOCABULARIO

Pentecostés. Significa «quincuagésimo día». Segunda de las tres grandes fiestas de los antiguos israelitas. Durante esta fiesta tiene lugar la venida del Espíritu Santo.

3. La misión de la Iglesia

Haced discípulos a todos los pueblos

A lo largo de la historia la Iglesia ha intentado cumplir con la misión que Jesús le encomendó, aunque no siempre ha sido fiel a ese compromiso.

1 En el año 1962, el papa Juan XXIII convocó un concilio (el Vaticano II) con el fin de redefinir bien cómo la Iglesia debía cumplir hoy su misión en el mundo.

– Lee este texto del concilio y responde: ¿Qué nombre se da a la Iglesia? ¿Cuál es su ley? ¿A quién tiene por cabeza?

Fue voluntad de Dios salvar a los hombres, no aisladamente, sino constituyendo un pueblo. Eligió al pueblo de Israel, pactó con él una alianza y le reveló su voluntad. Esto sucedió como preparación a la nueva alianza que había de pactarse con Cristo. Este nuevo pacto lo estableció Cristo convocando a un pueblo, el nuevo Pueblo de Dios.

Este nuevo pueblo tiene por cabeza a Cristo. Todos sus miembros son hijos de Dios. Tienen por ley el nuevo mandato de amar como Cristo nos amó. Y tienen por fin extender el reino de Dios hasta el fin de los tiempos. Cristo, que lo instituyó para ser comunión de vida de caridad, se sirve de él para llevar el mensaje de salvación a todo el universo como luz del mundo y sal de la tierra.

El carácter sagrado de esta comunidad se manifiesta en los sacramentos. Los fieles, incorporados a la Iglesia por el bautismo, están obligados a manifestar su fe. Por el sacramento de la confirmación se vinculan más estrechamente a la Iglesia. Participan en la eucaristía, fuente y cumbre de la vida cristiana, y manifiestan así la unidad del pueblo de Dios. Quienes se acercan al sacramento de la penitencia obtienen el perdón.

(Lumen Gentium 9-11, selección)

2 Copia en tu cuaderno un cuadro similar a este y escribe en la columna inferior la frase del concilio que ha dado pie al enunciado.

Dios quiere que todos los hombres se salven.	Para ello, reúne al pueblo de Israel como preparación para la Iglesia.	Jesús crea un nuevo pueblo: la Iglesia.	En ese nuevo pueblo, todos son hijos de Dios y se aman como Cristo los amó.	Ese nuevo pueblo tiene la misión de extender el mensaje de Jesús.	En ese nuevo pueblo se celebran los sacramentos.

3 Entre los documentos del Concilio Vaticano II se encuentra la constitución *Gaudium et Spes* (Gozos y esperanzas), en donde se define cuál tiene que ser la relación de la Iglesia con el mundo y con la sociedad. Lee atentamente este fragmento.

– ¿Cuál es la relación entre los cristianos y el resto del género humano?

Los gozos y las esperanzas, las tristezas y las angustias de los hombres de nuestro tiempo, sobre todo de los pobres y de cuantos sufren, son a la vez gozos y esperanzas, tristezas y angustias de los discípulos de Cristo. Nada hay verdaderamente humano que no entre en su corazón.

La comunidad humana está integrada por hombres que, reunidos en Cristo, son guiados por el Espíritu Santo en su peregrinar hacia el reino del Padre y han recibido la buena nueva de la salvación para comunicarla a todos. La Iglesia por ello se siente íntima y realmente solidaria del género humano y de su historia *(Gaudium et Spes 1)*.

KANDINSKY, *Iglesia de pueblo*

El Concilio Vaticano II

El Concilio Vaticano II fue sin duda el acontecimiento más importante de la Iglesia en el siglo XX

El Concilio Vaticano II fue sin duda el acontecimiento más importante de la Iglesia en el siglo XX. Durante tres años, los 2 500 padres conciliares (obispos sobre todo) se esforzaron en darle un nuevo rostro a la Iglesia. Era la primera vez que se reunían tantos representantes de la Iglesia de todo el mundo.

Además se invitó a protestantes y ortodoxos. Los medios de comunicación siguieron con gran interés el concilio.

Los documentos del concilio contienen cuatro constituciones en las que se manifiesta con claridad la nueva comprensión que la Iglesia tiene sobre sí misma, nueve decretos y tres declaraciones.

La Iglesia, el nuevo Pueblo de Dios

El concilio renovó la imagen de la Iglesia de cara a sí misma y al mundo.

Ante sí misma, la Iglesia aparece definida como Pueblo de Dios. En los documentos del concilio se presenta un modelo de Iglesia centrado en la comunión con Dios y con los hombres, frente a los modelos anteriores, que se centraban más en la autoridad y en el poder. La noción clave de este nuevo modelo es la de la Iglesia como Pueblo de Dios. De este modo se subraya mucho más la conciencia y la dimensión comunitaria.

Ante el mundo, la Iglesia pretende en primer lugar acompañar a las personas en sus sufrimientos y en sus alegrías ofreciéndoles el mensaje del evangelio y trabajando con todos a favor de un mundo más justo. La Iglesia reconoce el valor de todo aquello que pueda humanizar nuestro mundo.

El Concilio subrayó la importancia de la dimensión comunitaria de la Iglesia

Para anunciar la buena noticia

Entre las recomendaciones de Jesús a sus discípulos y, por tanto, a la Iglesia, no solo se encuentra la de que tienen que vivir unidos como hermanos, sino también la de que tienen que predicar y llevar el evangelio hasta los confines de la tierra.

El evangelio es una buena noticia que debe llegar a todos los pueblos. Dios quiere derribar todas las barreras que existen entre los hombres: todos están llamados a vivir la fraternidad universal. Esta es la tarea fundamental de la Iglesia: congregar, es decir, reunir a toda la humanidad.

Para cumplir esta misión, lo primero que tiene que hacer la Iglesia es ser testimonio de fraternidad.

Y trabajar por mejorar nuestro mundo

La Iglesia, los cristianos, no se limitan a anunciar el evangelio desentendiéndose de los problemas que hay en nuestro mundo.

El Concilio Vaticano II enseña que la Iglesia se siente absolutamente solidaria y cercana a todos los sufrimientos y alegrías de los hombres y mujeres de nuestro tiempo.

La Iglesia mira al mundo y a la sociedad con amor, reconociendo todo lo que hay de bueno en ella, criticando las injusticias y, sobre todo, trabajando junto a todos aquellos que luchan por mejorar nuestro mundo.

VOCABULARIO

Concilio. En la Iglesia católica, asamblea o congreso de los obispos y otros eclesiásticos para tratar y decidir sobre materias de fe y costumbres.

4. Dos sacramentos para fortalecer la comunidad

Celebrar la vida

Los sacramentos de la confirmación y del orden sacerdotal enriquecen la vida cristiana.

Los sacramentos poseen características comunes a todos ellos. Para conocer mejor esas características nos serviremos de un procedimiento.

– Observa el cuadro siguiente. En la columna de la izquierda se enumeran varias características de los sacramentos. Léelas detenidamente. Las otras dos columnas las debes completar tú.

– Dibuja en tu cuaderno un cuadro similar a este, pero en grande. Lee todo lo que se dice de los sacramentos de la confirmación y del orden sacerdotal y completa las casillas que están en blanco.

PROCEDIMIENTO PARA ANALIZAR UN SACRAMENTO

	Confirmación	Orden sacerdotal
Relación con la vida de Jesús y de los primeros cristianos.		
Relación con algún momento importante de la vida de las personas.		
Componentes del rito sacramental: • Signos o símbolos que se utilizan • Palabras que se pronuncian • Gestos que se realizan • Ministro del sacramento		
Personas a quienes se puede administrar.		
Misión que confiere el sacramento y don especial que otorga a la persona que lo recibe.		

El sacramento de la confirmación

(Jn 15,26-27; 16,7; Hch 1,8; 2,4; 19,6)

- Jesús prometió a sus discípulos que les enviaría el Espíritu Santo para darles fuerza en su tarea de predicar el evangelio. Este Espíritu lo recibieron en Pentecostés.
- En la Iglesia se celebra el sacramento de la confirmación cuando los bautizados llegan a la edad adulta de la fe para que asuman su compromiso de cristianos.
- La confirmación se administra, una sola vez, a los que han sido bautizados. Los padrinos de la confirmación son los que presentan al que se va a confirmar ante el obispo, que es el ministro de este sacramento.
- Una vez que han sido presentados al obispo aquellos que se van a confirmar, este les impone las manos (gesto que en el Nuevo Testamento significa elección para una responsabilidad dentro de la comunidad), mientras pide que el Espíritu Santo descienda sobre ellos. Seguidamente, el obispo moja el dedo pulgar en el santo crisma y hace la señal de la cruz en la frente de quienes se confirman mientras pronuncia las palabras: *Recibe por esta señal el don del Espíritu Santo.*

- En el sacramento de la confirmación celebramos el crecimiento de la fe por la acción del Espíritu Santo. Al confirmado se le invita a ser testigo de la fe cristiana, a proclamar a todas las gentes el mensaje de Jesús y a colaborar con la Iglesia. La confirmación concede una fuerza especial para dar testimonio de la fe cristiana.

El sacramento del orden sacerdotal

(Hch 6,6; 14,22; 1 Tim 4,14; 2 Tim 1,6)

- Es el sacramento mediante el cual la misión confiada por Cristo a sus apóstoles sigue siendo ejercida en la Iglesia hasta el fin de los tiempos. Se confiere a los obispos, sacerdotes y diáconos.
- Los apóstoles, por mandato del Espíritu Santo, eligieron diversos colaboradores para que les ayudaran en las tareas de su ministerio.
- Los sacerdotes son un recordatorio vivo de que es Cristo el que reúne a la comunidad de creyentes. Cuando ellos consagran, perdonan, bautizan... están prolongando en el tiempo las mismas acciones que un día realizó Jesús.
- El gesto común para la consagración de los obispos, presbíteros y diáconos es la imposición de las manos sobre la cabeza del ordenando por parte del obispo.
- El obispo es consagrado por otro obispo. Los obispos asistentes extienden las manos sobre el elegido mientras dicen: *Infunde ahora sobre este siervo tuyo que has elegido la fuerza que de ti procede. El Espíritu de soberanía que diste a tu amado Hijo Jesucristo (...).* El obispo consagrante le unge la cabeza, le entrega el libro de los evangelios, le pone el anillo y la mitra y, finalmente, le entrega el báculo.
- El sacerdote también es consagrado por un obispo. El momento central es cuando el obispo, con las manos extendidas sobre el elegido dice: *Te pedimos, Padre Todopoderoso, que confieras a este siervo tuyo la dignidad del presbiterado (...).* Concluida la plegaria de ordenación, el ordenado recibe la estola al estilo presbiteral y la casulla, y el obispo unge las palmas de sus manos con el sagrado crisma y pone sobre ellas la patena y el cáliz.
- Los diáconos son ordenados por el obispo, quien, extendiendo las manos sobre los elegidos, dice: *Envía sobre ellos, Señor, el Espíritu Santo para que fortalecidos con tu gracia de los siete dones desempeñen con fidelidad su ministerio.* Acabada la oración de consagración, el ordenado es revestido con las vestiduras diaconales.

RUPNIK, *Casulla*

Confirmación y orden sacerdotal

Los sacramentos son las celebraciones que acompañan al cristiano a lo largo de su vida en diferentes momentos y circunstancias.

Aunque todos los sacramentos tienen que ver con la vida de comunidad y con la misión de la Iglesia en el mundo, los sacramentos de la confirmación y del orden sacerdotal tienen una significación especial.

Por el bautismo, las personas son incorporadas a la fe y a la comunidad cristiana, desde la cual van desarrollando, por medio de su educación y de su crecimiento personal, su compromiso cristiano.

Sin embargo, en el momento en el que la persona toma sus propias decisiones en la vida adulta, el sacramento de la confirmación significa la incorporación consciente y comprometida a la comunidad. La decisión de ser cristiano ya no es de los que han educado a la persona, sino de ella misma.

Por el sacramento del orden sacerdotal, el cristiano se compromete a servir a la comunidad heredando las responsabilidades que los apóstoles asumieron desde el principio: animar, enseñar, celebrar y mantener la unidad. Es un sacramento para el servicio.

ZURBARÁN, *Pentecostés* (Detalle)

Los sacramentos de la confirmación y del orden sacerdotal fortalecen la vida de la comunidad

Síntesis

COMPRUEBA LO QUE SABES

1. Explica el significado de estas expresiones según lo estudiado en esta unidad.

Discípulo de Jesús	
Apóstol de Jesús	
Misión de los discípulos	
Comunidad	
Espíritu Santo	
Pentecostés	
Sacramento de la confirmación	
Sacramento del orden sacerdotal	
Concilio Vaticano II	
Iglesia, pueblo de Dios	

2. Relaciona estas expresiones con los sacramentos aquí indicados.

	Confirmación	**Orden sacerdotal**
Se compone de tres grados.		X
El ministro es el obispo.		
Celebra el crecimiento de la fe.		
A quienes lo reciben se les imponen las manos.		
Solo lo pueden recibir los varones bautizados.		
Se recibe una sola vez.		
Se confiere a los obispos, sacerdotes y diáconos.		

1. Según este texto, ¿qué es evangelizar? ¿Qué verbos lo expresan?

– ¿En qué consiste anunciar la buena nueva?

Evangelizar a una persona es decirle: "Tú también eres amado por Dios en el Señor Jesús". Y no solo decírselo, sino pensarlo realmente. Y no solo pensarlo, sino portarse con esa persona de tal manera que sienta y descubra que hay en ella algo mucho más grande y más noble de lo que pensaba, de tal manera que cambie la visión de sí misma.

En esto consiste anunciar la buena nueva, y eso no podemos hacerlo más que ofreciéndole nuestra amistad; una amistad real, desinteresada, hecha de confianza y de cariño desinteresado.

Es nuestra amistad lo que ellos esperan, una amistad que les haga sentirse amados por Dios y salvados en Jesucristo.

ELOI LECLERC, *Sabiduría de un pobre*

2. Sabemos que la Iglesia es Pueblo de Dios, pero ¿cuáles son las características de ese pueblo?

– Completa el texto del Compendio del Catecismo de la Iglesia Católica con las frases siguientes:

Dios Padre, Reino de Dios, Jesucristo, Mandamiento nuevo del amor, Sal de la tierra y luz del mundo, Dignidad y libertad de los hijos de Dios

"Este Pueblo, del que se llega a ser miembro mediante la fe en Cristo y el bautismo, tiene por origen a ________, por cabeza a ___________, por identidad la ______________________, por ley el ______________________, por misión la de ser ______________, por destino el ____________ ya iniciado en la Tierra".

(Compendio CIC n.º 154)

3. Traslada las letras del espacio inferior a los recuadros vacíos y descubrirás cuál es la misión de la Iglesia.

A			N			A	
E		■	R		I		
	E	■		I			■
	N	■		O		O	■
E		■			N		O

D	L	U	M	E	I	N	O
E	N		T	C	D	S	R
	L		D	U	O	D	

4. Observa estas imágenes relacionadas con el Concilio Vaticano II y con lo que hemos estudiado en esta unidad.

– ¿Qué crees que pretende decir el dibujante con cada una de las viñetas?

NANDO y DEMETRIO, *Historia de la Iglesia*. Madrid, Paulinas

5. Resuelve este salto de caballo y descubrirás lo que Jesús dijo a sus discípulos antes de subir al cielo.

"RE	NES	MIS	GOS	BI	SAN
RÉS	HAS	CI	TU	■	TI
DE	RI	FI	TES	TO	REIS
TA	SE	ES	TIE	CON	■
PI	LA	LOS	Y	EL	RRA".

en la red

www.vatican.va

En esta página encontrarás amplia información sobre la Santa Sede: noticias, documentos, actualidad, etc.

www.archimadrid.es

Entrando en *archivo documental* y después en *Magisterio de la Iglesia* encontrarás todos los documentos del Concilio Vaticano II.

Al servicio de la misión

La misión de la Iglesia es cumplir el mandato que Jesús dio a sus discípulos: "Id por todo el mundo y proclamad la buena noticia a toda criatura". Esta misión sigue siendo hoy, en el siglo XXI, la principal tarea de la Iglesia. Una muestra de ello es la labor que numerosos cristianos de todo el mundo realizan por dar a conocer el mensaje de Jesús.

¿Quién tiene la misión de evangelizar?

Incumbe a la Iglesia por mandato divino ir por todo el mundo y anunciar el Evangelio a toda criatura. La Iglesia entera es misionera, la obra de evangelización es un deber fundamental del pueblo de Dios *(Evangelium Nuntiandi, 59).*

Misioneros españoles en el mundo

El número de misioneros españoles en el mundo es de 21000; de los que el 54,1 % son mujeres y el 45,9%, hombres.

Del total de misioneros españoles, el 52,07 % son religiosas; el 35,21 % son religiosos; el 8,08 % son sacerdotes, y el 4,62 % laicos.

En cuanto a la distribución por continentes, el mayor porcentaje se encuentra en América, con el 73,4 %. En África hay un 14,6 % de misioneros; un 5,9 % en Europa, un 5,8 % en Asia y un 0,14 % en Oceanía.

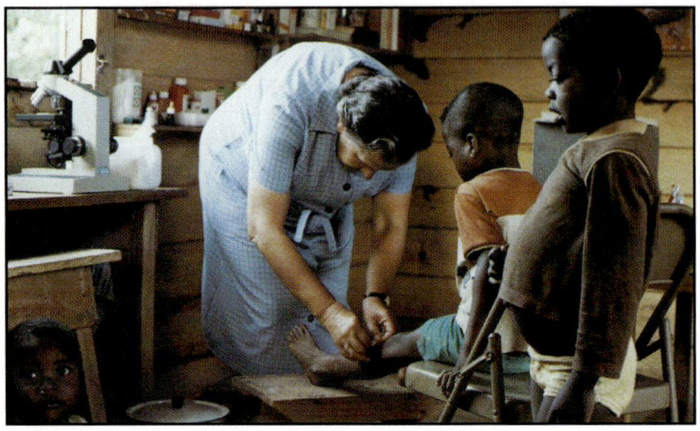

Fe y entrega, las armas del misionero

Cuando alguien del Norte desarrollado llega a un vertedero del Tercer Mundo y ve, con sus propios ojos, cómo cientos de personas disputan los alimentos a los perros, solo tiene dos opciones: escandalizarse, llorar interiormente, resignarse y tratar de olvidar, o bien, dedicarse desde entonces en cuerpo y alma a acabar con esa situación, con esa indignidad, con esa injusticia... Ese –el de cientos de hombres, mujeres y niños disputando la basura a los animales– fue, precisamente, el panorama que encontró en Antananarivo (Madagascar) el sacerdote argentino Pedro Opeka; y, por fortuna, este padre paúl de 60 años optó por la segunda opción: la de trabajar con todas sus fuerzas para ayudar a esas pobres gentes a salir de su degradante e inhumana situación.

Quince años después de su llegada al vertedero, Opeka puede mostrar con orgullo las 3200 coquetas viviendas de ladrillo para otras tantas familias pobres que se levantan ya junto al vertedero; las tres escuelas primarias y el liceo, en los que estudian a diario más de 7500 niños y niñas; una pequeña clínica con treinta camas; dos canteras que dan trabajo a cientos de familias, y un más que digno estadio –de hecho, el tercero en importancia de la capital– en el que los jóvenes pueden practicar fútbol y atletismo, y alejarse así del alcohol y del runguni, una droga local que causa estragos entre la juventud malgache.

Las únicas armas de este misionero, como las de tantos otros, han sido su fe y su entrega: radicales, encomiables, dignas de admiración.

José Ignacio Rivarés,
en revista *Misioneros Tercer Milenio*

Se fue a Ghana

Mi nombre es Lidia, tengo 26 años y participo todo lo que puedo en las actividades de la parroquia. Siempre he sentido mucha admiración por el trabajo que los misioneros realizan.

El verano pasado me hablaron de la actividad que realizaban en Ghana los franciscanos conventuales y pensé: "¿Por qué no?". Cogí mi maleta cargada de ilusión y me lancé a descubrir un mundo diferente al nuestro.

Allí conocí a un sacerdote italiano, Martín, que me acompañó en mi aventura y me hizo entender el verdadero sentido del trabajo de un misionero.

Martín es una persona incombustible, dispuesta a luchar y a gritar las injusticias que sufren los sin voz, siempre consciente de que todo lo que hace, lo hace siguiendo los pasos de Jesús, guiado por su deseo de que estuviésemos siempre con los más pobres.

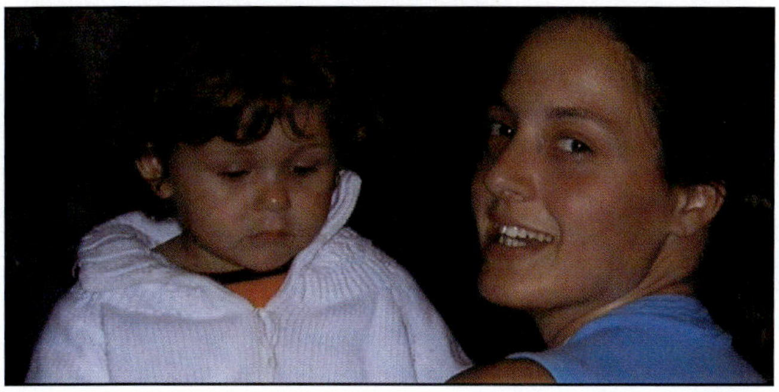

Marchó a la India

Vicente Urbaneja, después de entrar en contacto con las misiones de los paúles en su pueblo, marchó a la India y ha permanecido allí 63 años.

Afirma que la población cristiana en la India ha crecido mucho en los últimos años, destacando que el 99 % de los católicos en la India proceden de las tribus.

Explica que la Iglesia allí está muy establecida, de hecho hay 141 congregaciones femeninas y más de 40 masculinas, aunque reconoce que los católicos no son muy bien aceptados.

Vicente cree, con el paso de los años y tras su larga vida en la misión, que "el misionero debe ofrecerse para salvar las almas y ser capaz de dialogar con las demás religiones".

CEE, *Actualidad informativa*

Se quedó con los niños

Nadia es una joven valenciana que hace unos meses recibió el sacramento de la confirmación. "No sé cómo explicarlo –dice– pero siento una fuerza interior que me ayuda a seguir adelante en mis estudios y a colaborar en las acciones de la parroquia".

Nadia dedica parte de su tiempo libre a dar a conocer la vida y el mensaje de Jesús a los niños que acuden a la catequesis en su parroquia.

El valor del testimonio

La buena nueva debe ser proclamada en primer lugar, mediante el testimonio.

Supongamos un cristiano o un grupo de cristianos que, dentro de la comunidad humana donde viven, manifiestan su capacidad de comprensión y de aceptación, su comunión de vida y de destino con los demás, su solidaridad en los esfuerzos de todos en cuanto existe de noble y bueno.

Supongamos además que irradian de manera sencilla y espontánea su fe en los valores que van más allá de los valores corrientes, y su esperanza en algo que no se ve ni osarían soñar... Este testimonio constituye ya de por sí una proclamación silenciosa, pero también muy clara y eficaz, de la buena nueva. Hay en ello un gesto inicial de evangelización.

Evangelium Nuntiandi, 21

Cuestiones para el debate

Os proponemos debatir sobre estas tres controvertidas opiniones. No olvidéis que para participar en un debate lo primero que hay que hacer es informarse sobre el tema; después, aportar argumentos propios y escuchar los de los otros; finalmente, sacar conclusiones.

1.ª "Donde hoy hacen falta misioneros y misioneras no es en África o América sino en Europa".

2.ª "La misión de la Iglesia es anunciar el evangelio y no inmiscuirse en los problemas de la sociedad".

3.ª "En la Iglesia no existe igualdad entre hombres y mujeres".

"Yo soy la luz del mundo.
El que me siga no caminará a oscuras,
sino que tendrá la luz de la vida".
(Jn 8,12)

6

La fe, respuesta de los creyentes

HEMOS VISTO EN LAS PRIMERAS UNIDADES CÓMO LAS PERSONAS BUSCAMOS ENCONTRAR UN SENTIDO A NUESTRA VIDA. LO NECESITAMOS PARA SER FELICES. AQUELLOS QUE CREEN EN JESÚS SABEN QUE ÉL LES MUESTRA UN CAMINO DE FELICIDAD Y QUE DA SENTIDO A SU VIDA.

Sabías que ...

- EN EL MUNDO HAY MÁS DE 2000 MILLONES DE PERSONAS QUE SE CONFIESAN CRISTIANOS.
- LA PALABRA *FE* SE ESCRIBE EN EL GRIEGO DE LOS EVANGELIOS *PISTIS* Y SIGNIFICA LITERALMENTE "TENER CONFIANZA EN ALGUIEN".
- SON NUMEROSOS LOS POETAS Y CANTANTES DE NUESTRO TIEMPO QUE HAN MANIFESTADO EN SUS COMPOSICIONES LA FE EN DIOS.

Para dialogar

- OBSERVA LA FOTOGRAFÍA DE LA PÁGINA DE LA IZQUIERDA. LEE LA FRASE DEL EVANGELIO DE SAN JUAN. ¿QUÉ SIGNIFICA QUE CRISTO ES LUZ?
- PIENSA EN ALGUNAS SITUACIONES DE LA VIDA DE LAS QUE SE PUEDA DECIR QUE LAS PERSONAS CAMINAN EN TINIEBLAS O CAMINAN EN LA LUZ.
- PON UN PIE DE FOTO A LAS IMÁGENES DE ESTA PÁGINA QUE DESCRIBA LO QUE A TU JUICIO ES LA FE CRISTIANA.

Lo que vamos a estudiar

→ LAS CARACTERÍSTICAS PROPIAS DE LA FE CRISTIANA.
→ LO QUE SIGNIFICA SER CRISTIANO.
→ LAS CARACTERÍSTICAS PROPIAS DEL DIOS CRISTIANO.
→ LA ACCIÓN DE LA IGLESIA EN LA TRANSMISIÓN DE LA FE.

1. La fe cristiana es creer en el Dios de Jesucristo

La fe es creer en alguien

La fe cristiana es una relación de amistad con Jesús que cambia la vida de quien le sigue.

Lee estos dos textos. El primero describe qué es y qué no es la fe cristiana. El segundo es un testimonio dónde un joven expresa lo que para él ha supuesto la fe en su vida.

– Copia en tu cuaderno un cuadro como este y resume en él el contenido de ambos textos.

– Intenta expresar también, a partir de los textos, lo que la fe cristiana aporta a la vida.

La fe cristiana es...	La fe cristiana no es...	La fe cristiana aporta a la vida...

La fe cristiana no consiste en aceptar un conjunto de verdades teóricas sino en aceptar a Cristo, creer y descubrir en él la última verdad desde la cual podemos iluminar nuestra vida, interpretar la historia del hombre y dar sentido último a esa búsqueda de liberación que mueve a toda la humanidad.

El cristiano es, por tanto, un hombre que, en medio de las diferentes ideologías e interpretaciones de la vida, busca en Jesucristo el sentido último de la existencia.

La fe cristiana no es tampoco poner nuestra esperanza en un conjunto de promesas de Dios más o menos generales, sino apoyar todo nuestro futuro en Jesucristo, nuestro Salvador, muerto por los hombres pero resucitado por Dios, el único del que podemos esperar la salvación definitiva del hombre.

Por eso, en cualquier época, los creyentes que desean vivir fielmente su fe cristiana tendrán que preguntarse una y otra vez: ¿Quién fue Jesús de Nazaret? ¿Quién es hoy Cristo para nosotros? ¿Qué podemos esperar de él?

Catecumenado Juvenil,
Diócesis de Cartagena/Murcia

Jesús me ofrece la oportunidad de tener una vida llena de sentido, ya que me descubre dónde está mi verdadera felicidad. Pero esto no me lo resuelve todo; yo tengo que seguir esforzándome, trabajando y creyendo.

Él me interroga e interpela todos los días; me llena de inquietudes; me pone en marcha; me hace salir de la comodidad y me colma de ganas de vivir a tope, de caminar sin descanso, de luchar constantemente contra todo aquello que oprime al ser humano; me invita a solidarizarme con los hermanos más pobres y marginados, a trabajar por la construcción de un mundo más justo y humano.

Junto a él siento la ilusión de vivir y de ser persona, y surge en mí una gran fe en el futuro, en el hombre y en el Padre. Pero a veces me desconcierta, se me escapa, pienso que estoy solo, y hasta hay días que creo que lo he perdido...

Ante él siento frecuentemente admiración, ternura y rebeldía. Desde que dejo que su buena noticia me cale, veo cómo mi vida está cambiando.

Alejandro Romero,
en *Compartir*. Bilbao, Mensajero

La fe cristiana es una relación de amistad con Jesucristo

La fe es una relación de confianza entre personas. En el caso de la fe cristiana, la relación personal se establece entre el creyente y Jesucristo.

La fe no es creer en algo sino en alguien. Creer en algo, en ideas, valores, ideales..., es tener una creencia. Creer en alguien es tener fe en él.

Creer en Jesucristo comporta unas creencias: creer en sus ideas, en los valores que vivió, en los ideales que predicó. Sin embargo, quien cree en esto puede no llegar a tener fe en Jesús. Para que se dé la fe es necesario que se establezca una relación de amistad con él.

Se inicia cuando la persona responde libremente a la llamada de Dios

El que lleva la iniciativa en la relación entre Dios y las personas es siempre Dios. El deseo de felicidad que todo hombre y mujer tienen es la primera llamada que Dios les hace. Pero después hay otras muchas que llegan a la persona por medio de las circunstancias de la vida, de las otras personas, de la palabra de Dios, de la Iglesia, etc.

Dios llama y también da la fuerza necesaria para que la persona responda a esa llamada, respetando siempre su libertad.

RUPNIK, *El rostro del Salvador*

Jesucristo es el centro de la fe cristiana

Se apoya en razones

Para creer en alguien es necesario tener razones. Un cristiano no cree porque sí, sino porque ha descubierto que creer en Jesucristo vale la pena.

Cuando algo no se puede demostrar pero tampoco es irracional, decimos que es razonable. Lo aceptamos como válido, basados en indicios o signos que nos proporcionan una certeza moral, aunque sin llegar a la demostración.

Los signos que hacen razonable la fe, o signos de credibilidad, se pueden dividir en dos tipos:

- *Signos externos a la persona.* La propia persona de Jesús, el mensaje de la Biblia, la vida de la Iglesia y el testimonio de los creyentes.
- *Signos internos a la persona.* Aquellas experiencias que hacen que las personas encuentren la felicidad, por ejemplo, cuando en la fe se descubren las respuestas a los interrogantes que plantea la vida.

Se vive en la comunidad de la Iglesia

La fe no es un asunto meramente privado entre la persona y Dios. La fe se recibe en el seno de la Iglesia y crece dentro de ella. Es la Iglesia la que da a conocer a Jesucristo. Así pues, se trata de una experiencia básicamente comunitaria.

Y se expresa en un estilo de vida

La fe transforma la vida del que cree. La relación con Jesús influye en todo lo que la persona piensa, siente y hace.

La fe no se vive solo en los momentos dedicados expresamente a cultivar esa relación, sino en todos los momentos del día.

Lo normal es que quien vive la fe cristiana vaya adaptando su estilo de vida al estilo de vida de Jesús.

VOCABULARIO

Razonable. Lógico, justo y conforme a la razón.

Irracional. Opuesto o ajeno a la razón.

Creencia. Conjunto de ideas sobre algo.

Fe. En el cristianismo, virtud teologal que consiste en la adhesión a Jesucristo y a su mensaje.

2. Ser cristiano es seguir a Jesús

La fe, un encuentro entre personas

La fe cristiana es, ante todo, un encuentro con Jesús: él llama y la persona le sigue.

1 Los relatos de llamada de los primeros discípulos están narrados en los evangelios con una enorme sobriedad. Los evangelistas eliminan todos los detalles superfluos para destacar lo esencial: Jesús pasa y llama; los discípulos, dejándolo todo, le siguen.

– Copia en tu cuaderno un cuadro como este. Después, lee *Mc 1,16-20* y, con los textos bíblicos, rellena las casillas correspondientes. Haz lo mismo con el pasaje de *Lc 5,27-28*.

POR PARTE DE JESÚS		POR PARTE DEL DISCÍPULO	
Jesús se encuentra con la persona	**Llama a seguirle**	**Lo deja todo**	**Responde inmediatamente**

2 A partir de lo que afirma el autor de este texto, responde a estas cuestiones: ¿A quiénes o dónde acuden las personas para aprender a vivir mejor?

– ¿Cómo clasificarías las preguntas que el autor se hace en el segundo párrafo?

– ¿En qué o en quién encuentra el cristiano respuesta a estas preguntas? ¿En qué se basa?

> ¿Quién me puede enseñar a mí a vivir de manera sana: los filósofos, los psiquiatras, los políticos?, ¿dónde puedo aprender a vivir: en los libros, en la televisión, en la calle?
>
> ¿Quién me puede revelar el secreto de la vida o la meta que ha de orientar mis pasos?, ¿quién me puede enseñar cómo he de actuar y qué tengo que hacer para vivir con acierto?, ¿quién me dará a conocer dónde puedo yo fundamentar mi existencia, qué puedo en definitiva esperar de la vida, en qué me puedo apoyar ante el mal, la vejez o la muerte?
>
> La experiencia del cristiano consiste en ir descubriendo la verdad que encierran las palabras de Cristo: «Yo soy el camino, la verdad y la vida» (*Jn 14,6*). Sin Cristo, la vida se me haría más oscura y enigmática, más difícil y dura, más cerrada e impenetrable, más vacía de esperanza. En el fondo, la vida se me volvería más desdichada.
>
> Estoy convencido de que una persona está a punto de tomar en serio a Jesucristo cuando intuye que en él puede encontrar precisamente «lo que más falta le hace» para ser feliz con una felicidad más real y verdadera.
>
> José Antonio Pagola, *La fe, ¿obstáculo o fuente de felicidad?* San Sebastián, Idatz

3 Observa las dos viñetas de esta página.

– ¿Qué relación encuentras entre la primera y el texto de Pagola? ¿Qué pondrías tú en los indicadores? ¿Cuál sería la opción de un cristiano ante dichos indicadores?

– ¿Estás de acuerdo o en desacuerdo con el mandato que el autor de la viñeta pone en boca de Dios? ¿En qué te basas?

– ¿Qué otro texto pondrías en el bocadillo de la viñeta relacionado con el tema del seguimiento a Jesús?

José Luis Cortés, *Agenda*. Madrid, PPC

La fe es un encuentro personal con Jesús

En el Nuevo Testamento, "tener fe" se expresa como "confiar en", "fiarse de", "hacer una alianza con"... Lo que significa que entiende la fe como una relación con alguien. Se trata básicamente de una relación personal con Jesús que se traduce en seguridad y confianza. Tener fe es creer en Jesús, en su persona. En los evangelios, incluso, creer en Jesús es sinónimo de "acercarse a Jesús", "recibirlo", "aceptarlo", "amarlo".

Por consiguiente, queda claro que la fe consiste en un encuentro entre personas: la persona del creyente y Dios, revelado y comunicado en Jesús.

VENUSTI, *Jesús y la samaritana*

La fe es un encuentro personal con Jesús

Creer en Jesús es seguir a Jesús

La relación del creyente con Jesús se expresa en los evangelios con la metáfora del seguimiento. Es creyente el que sigue a Jesús. Jesús llama a seguirle a los discípulos pescadores, a Mateo el publicano, al joven rico... "Los que le siguen se ven liberados de las tinieblas y tienen la luz de la vida".

La llamada de Jesús a seguirle, lejos de ser un privilegio de unos pocos, se dirige a todos.

Una respuesta radical

Cuando Jesús llama a seguirle, está pidiendo al hombre una respuesta radical. Lo dice el evangelio con expresiones como "vender los bienes", "cargar con la cruz"... Quien quiera seguir a Jesús tendrá que liberarse de todo lo que le ata y hacer de Jesús el centro de su vida.

Aquel que se mueve en la vida por el éxito personal, el dinero, el poder o el prestigio, no ha puesto a Jesús en el centro de su vida. Esto es, en el fondo, lo que quiere decir dar respuesta a una llamada radical.

¿En qué consiste el seguimiento de Jesús?

Creer en Jesús, seguirle, comporta dos dimensiones fundamentales:

- **Estar con él:** mantener una relación de amistad con él, actuar como él actuó, vivir y luchar por lo que él vivió y luchó, poner en práctica su mensaje, tener sus mismas actitudes.
- **Sentirse enviado a una misión:** la de anunciar a Jesús con nuestra forma de vida y trabajar por el reino de Dios, construyendo un mundo más justo y más humano.

La fe cristiana da sentido a la vida

El sentido de la vida es el significado, la orientación o la finalidad que una persona da a todo lo que compone su vida. Para ser feliz es necesario encontrar el sentido de la vida.

El sentido de la vida del cristiano arranca de una certeza fundamental: sentirse amado por Cristo. Esto es lo que le ocurrió a Pablo de Tarso, quien cambió su vida cuando comprendió que Cristo había muerto y resucitado por él.

El objetivo último que todo cristiano debe perseguir en su vida es el de la unión con Cristo; hacerse uno con él hasta poder decir como san Pablo: «Vivo yo, pero no soy yo, es Cristo quien vive en mí». Para el cristiano, la felicidad es pensar, sentir y actuar como Cristo.

RAFAEL, *Cristo con los discípulos*

El que quiera seguir a Jesús tiene que liberarse de todo lo que le esclaviza

3. Creer en un Dios trinitario

Dios Padre, Hijo y Espíritu Santo

El Dios de los cristianos no es un ser solitario, sino comunitario: Padre, Hijo y Espíritu Santo.

1 Fíjate en este cuadro. Fue pintado en el siglo XVII por Antonio de Pereda.

– ¿A quiénes representan las personas y el símbolo de la paloma que hay en él?

– ¿Qué nombre dan los cristianos a la unión de estas tres figuras?

2 En los evangelios se hace referencia numerosas veces a las personas representadas en la pintura.

– Dibuja en tu cuaderno un cuadro como el de aquí abajo y coloca una frase de cada texto en la casilla *frase del texto*. Después, según la persona o personas de las que trate el texto, pon un signo en la casilla correspondiente.

	Frase del texto	Padre	Hijo	Espíritu Santo
Mt 11,27	*Todo me lo ha entregado mi Padre.*	✗	✗	
Mt 26,39				
Mc 1,9-11				
Lc 4,14				
Jn 20,21-22				

3 ¿Qué acciones se le atribuyen a cada una de las personas de la Trinidad en estas frases de los evangelios?

	Se dice del Padre	Se dice del Hijo	Se dice del Espíritu
Mt 4,1			*Llevó a Jesús al desierto.*
Mt 4,23			
Lc 23,44-46			
Jn 1,14			

Un solo Dios en tres Personas

En los evangelios descubrimos que en la vida pública de Jesús hay tres grandes protagonistas: él mismo; el Padre, que lo ama, y el Espíritu, que lo llena con su fuerza.

Podemos decir que en los evangelios encontramos a Dios de tres maneras:

- Jesús de Nazaret se presenta como Dios Hijo, que se hace presente entre los hombres y mujeres de su tiempo, que está lleno del Espíritu y que es amado por el Padre al que se siente profundamente unido.
- Dios Padre es el que envía al Hijo al mundo con una misión y le sostiene con su amor. Jesús llamaba a Dios "Padre".
- Dios Espíritu llena a Jesús con su fuerza, le guía y le conduce. Al mismo tiempo, Jesús anuncia a sus discípulos que el Espíritu vendrá cuando él se vaya para ayudarles en todo.

RUBLEV, *Icono de la Trinidad*

Dios se manifiesta en la persona del Padre, del Hijo y del Espíritu Santo

Dios, un misterio de comunión

Los discípulos aprendieron de Jesús que, siendo él Dios, también se relacionaba con el Padre y con el Espíritu. Comprendieron que el Dios cristiano lo que quiere es estar cerca de las personas, acercarse a la vida de los hombres, como Padre, como Hijo en Jesús y como Espíritu. Ese es su objetivo: un Dios amor que sale al encuentro de las personas.

Desde el principio, los cristianos intentaron expresar esta realidad del Dios cristiano y por eso hablaron de la Trinidad: en realidad, Dios, en su grandeza, es misterio. Su comprensión absoluta nos supera y cualquier palabra que digamos sobre él es limitada. Lo importante no es el nombre, sino la realidad: los discípulos aprendieron de Jesús que Dios es amor y quiere encontrarse siempre con las personas.

Un solo Dios que es Trinidad

El hecho de que los discípulos vieran a Dios como Padre, como Hijo y como Espíritu, sobre todo a partir de Pentecostés, no supuso nunca que creyeran en varios dioses.

Desde el principio, los cristianos creyeron en un solo Dios. El cristianismo es monoteísta. En este único Dios hay tres personas, igualmente divinas y eternas, pero distintas entre sí. Las tres forman una unidad indivisible.

Este amor absoluto sale de la Trinidad hacia los hombres y se manifiesta en todas las acciones que Dios lleva a cabo a lo largo de la historia en favor de la humanidad.

Aunque la Trinidad actúa conjuntamente, hay algunas acciones que se atribuyen preferentemente a cada una de las personas. Así, se dice que:

- Es propio del Padre: ser origen de todo, la creación, enviar a Jesús al mundo y resucitarlo, enviar al Espíritu Santo.
- Es propio del Hijo: encarnarse, pasar por el mundo haciendo el bien, morir y resucitar por nosotros y estar presente en el mundo por medio del Espíritu.
- Es propio del Espíritu: ser guía e impulso en la vida de Jesús, poner en marcha la Iglesia en Pentecostés y conducirla a lo largo de la Historia, y hacer presente a Jesús resucitado.

Trinidad. Abadía de Weingarten

Las tres personas de la Trinidad forman una unidad indivisible

4. Creer dentro de la Iglesia

Dios se comunica de muy diversas maneras

Después de Jesucristo, la revelación definitiva, Dios sigue comunicándose con nosotros en su Iglesia.

La Iglesia, como comunidad de creyentes, es un lugar de encuentro con Dios.

Dios se comunica en la Iglesia: cuando los cristianos se reúnen para orar, cuando celebran los sacramentos y cuando se organizan para construir un mundo mejor.

Las verdades de nuestra fe y, especialmente, la persona y el mensaje de Jesús han llegado hasta nosotros a través de la Biblia, la tradición y el magisterio de la Iglesia.

Evangeliario manuscrito de Lindisfarne (s. VII)

A través de la Biblia conocemos la persona y el mensaje de Jesús

La Biblia

Es para los cristianos la palabra de Dios.

Mediante los acontecimientos y la vida del pueblo de Israel, Dios se da a conocer a las personas y comunica lo que quiere de ellas.

La Biblia nos transmite las tres grandes etapas de la revelación: la creación, la historia de Israel y la vida y el mensaje de Jesús.

El conocimiento de la Biblia ha llegado a nosotros a través de la tradición y el magisterio de la Iglesia.

La tradición

Las cosas más importantes, aquello en lo que creemos y apoyamos nuestra vida, se transmiten de padres a hijos. Llamamos tradición a la transmisión, desde Jesús hasta nuestros días, del conjunto de verdades y prácticas que constituyen la fe de los cristianos. Esta transmisión se realiza en la predicación, la misión, la liturgia, la organización. No se transmiten solo palabras, sino toda la vida de la Iglesia. La tradición empezó en la Iglesia con la predicación de los apóstoles.

Las principales verdades de fe reveladas por Dios se transmiten en la Iglesia a través de los dogmas y los credos o *símbolos de la fe*.

El magisterio es la continuación en la Iglesia del ministerio de los apóstoles

- ***Dogmas.*** Son afirmaciones, enunciados que la Iglesia proclama explícitamente como revelados por Dios. El dogma surge de la necesidad de los hombres de expresar en fórmulas aquello en lo que creen. Por ejemplo, en el Concilio de Calcedonia (453) se proclamó la doble naturaleza de Jesús como Dios y como hombre.
- ***Símbolos de la fe.*** Los principales dogmas de la tradición cristiana están recogidos en los llamados credos o *símbolos de la fe*. Para los primeros cristianos eran un resumen de la catequesis bautismal. En ellos se sintetizan las verdades de fe en las que creen los cristianos. El más conocido es el "Símbolo de los apóstoles".

El magisterio

Llamamos magisterio a la función que tiene la Iglesia de anunciar e interpretar la palabra de Dios en su nombre. El magisterio es, en el fondo, la continuación en nuestra Iglesia del ministerio de los apóstoles. Los principales documentos del magisterio de la Iglesia son: las declaraciones de los concilios, las encíclicas de los papas y las cartas pastorales de los obispos.

VOCABULARIO

Tradición. 1. Transmisión de noticias, composiciones literarias, doctrinas, ritos, costumbres, etc., hecha de generación en generación.

2. Doctrina, costumbre, etc., conservada en un pueblo por transmisión de padres a hijos.

actividades

1 Frecuentemente oímos expresiones como esta: "Creo en Jesucristo, pero no en la Iglesia". ¿A qué crees que es debido? ¿Qué dirías a las personas que mantienen esta afirmación?

2 ¿Qué opinas de lo que dice el autor de este texto? ¿Qué afirmaciones te llaman más la atención?

Todos hemos nacido a la humanidad y al mundo en el seno de una familia. Sin que falte nuestra colaboración, ella nos ha engendrado en buena medida a lo que somos. No la hemos elegido. Conocemos sus limitaciones y sus defectos, pero no me imagino a una persona normal deseando ser miembro de otra familia.

Con la Iglesia me sucede algo así. Gracias a ella he conocido el cristianismo; a través de ella me ha sido dado el Espíritu. Por eso, aunque conozco sus fallos históricos y sus defectos actuales, y aunque en alguna ocasión haya podido sufrir, mínimamente, por supuesto, por ellos, nada de esto ha influido en mi sentido de pertenencia y en ningún momento he sentido la necesidad de alejarme de ella (...).

Desde la experiencia del gozo por la pertenencia a la Iglesia, sus lados negativos ni desaparecen, ni desaparece la necesidad de luchar contra ellos, pero cambia de signo esa lucha. En esos lados negativos veo antes que nada el reflejo de las limitaciones y las infidelidades, que tan bien conozco por experiencia, de los hombres que componemos la Iglesia.

J. MARTÍN VELASCO, *Creo en la Iglesia católica*, en Communio, n.º 3

3 San Pablo, en sus cartas, destaca la importancia de la tradición. Lee *1 Cor 15,3-4*.

– ¿Qué dos cosas afirma Pablo de la tradición? ¿Qué añade además en *2 Tes 2,15*?

– ¿Cuál es la tradición que ha recibido Pablo?

4 Los *símbolos de la fe* recogen de forma muy sintética las principales verdades reveladas. Este que tienes a continuación es el más conocido y se denomina *Símbolo de los apóstoles*.

– ¿En qué tres partes está dividido? ¿Por qué frase empieza cada una de las partes?

– ¿Qué verdades de fe proclama de Jesucristo?

5 ¿Cómo expresa El Greco en esta pintura las afirmaciones del Credo?

SÍMBOLO DE LOS APÓSTOLES

Creo en Dios, Padre todopoderoso,
creador del cielo y de la tierra.
Creo en Jesucristo, su único Hijo, nuestro Señor,
que fue concebido por obra y gracia del Espíritu Santo,
nació de santa María Virgen;
padeció bajo el poder de Poncio Pilato,
fue crucificado, muerto y sepultado;
descendió a los infiernos,
al tercer día resucitó de entre los muertos,
subió a los cielos
y está sentado a la derecha de Dios Padre todopoderoso;
desde allí ha de venir a juzgar a vivos y muertos.
Creo en el Espíritu Santo,
la santa Iglesia católica, la comunión de los santos,
el perdón de los pecados,
la resurrección de la carne
y la vida eterna. *Amén.*

EL GRECO, *La Santísima Trinidad*

Síntesis

COMPRUEBA LO QUE SABES

Forma las frases uniendo correctamente cada una de sus tres partes.

1	La fe no es	es pensar, sentir y actuar	y crece dentro de ella.
2	La fe se recibe	no es para unos pocos	sino creer en alguien.
3	Quien vive la fe cristiana	en el seno de la Iglesia	la palabra de Dios.
4	La llamada de Jesús	creer en algo	se transmiten en la Iglesia.
5	Para el cristiano, la felicidad	adapta su estilo de vida	sino para todos.
6	Las verdades de fe	se sintetizan	al estilo de vida de Jesús.
7	La misión de la Iglesia es	reveladas por Dios	como Jesús.
8	Los cristianos	anunciar e interpretar	la palabra de Dios.
9	La Biblia	creen en un solo Dios	las verdades de la fe cristiana.
10	En el credo	es para los cristianos	que es Padre, Hijo y Espíritu.

actividades complementarias

1. En los evangelios se dicen de Jesús cosas muy diversas. Cada uno de los personajes que se encuentra con él expresa su imagen de Jesús.

– Dibuja una tabla como esta en tu cuaderno y rellénala con algunas de las opiniones que sobre Jesús aparecen en los evangelios.

Texto	Quién lo dice	Qué dice de él
Mt 27,63	*Sacerdotes y fariseos*	*Que es un impostor*
Mc 3,21		
Jn 1,29		
Jn 1,41		
Jn 4,42		

2. Analiza este relato del evangelio diferenciando estas tres partes de la narración: *encuentro con Jesús, mandato de Jesús, respuesta de la persona*. ¿Qué similitud tiene este relato con el acto de fe de un cristiano?

[46]Llegaron a Jericó. Más tarde, cuando Jesús salía de
allí acompañado por sus discípulos y por bastante
gente, el hijo de Timeo, Bartimeo, un mendigo ciego,
estaba sentado junto al camino. [47]Cuando se enteró
de que era Jesús el Nazareno quien pasaba, se puso
a gritar:
– ¡Hijo de David, Jesús, ten compasión de mí!
[48]Muchos lo reprendían para que callara.
Pero él gritaba todavía más fuerte:
– ¡Hijo de David, ten compasión de mí!
[49]Jesús se detuvo y dijo:
– Llamadlo.
Llamaron entonces al ciego, diciéndole:
– Ánimo, levántate, que te llama.
[50]Él, arrojando su manto, dio un salto y se acercó a
Jesús. [52]Jesús, dirigiéndose a él, le dijo:
– Vete, tu fe te ha salvado.
Y al momento recobró la vista y le siguió por el camino.

Mc 10,46-50.52

POUSSIN, *La curación del ciego*

3. En uno de sus últimos discos, titulado "Para ti", el dominicano Juan Luis Guerra incluye esta sugerente canción.

– ¿Cómo definirías la fe que expresa el cantante?

Tan solo he venido

No he venido a pedirte / como suelo, Señor,
si antes de yo clamarte / conoces mi petición.
Solo quiero escucharte, / pon el tema, Señor,
caminar por el parque / y dedicarte una canción.
Tan solo he venido/ a estar contigo,
a ser tu amigo, / a compartir con mi Dios.
Adorarte y darte gracias, / por siempre gracias
por lo que has hecho, / Señor, conmigo.
Cuéntame de tus obras, / ¿qué hay de nuevo, Señor?
Y de paso pregunto / ¿cómo es la piel del sol?
Y yo solo quiero abrazarte, / bendecirte, mi Dios,
caminar por las calles / y abrirte mi corazón.

4. Si colocas correctamente las vocales, podrás leer dos afirmaciones del Catecismo de la Iglesia Católica sobre la fe cristiana.

L_ f_ _s _nt_ t_d_ _n_ _dh_ s_ _n p_rs_n_l d_l h_mbr_ _ D_ _s; _s _l m_sm_ t_ _mp_ _ _ns_p_r_ bl_m_nt_ l_ _c_pt_c_ _n l_br_ _ t_d_ l_v_rd_d qu_ D_ _s h_ r_v_l_d_.

(CIC n.º 150)

P_r_ _l cr_st_ _n_, cr_ _r _n D_ _s _s _ns_p_r_bl_m_nt_ cre_ _r _n _qu_l qu_ _l h_ _nv_ _d_, s_ H_j_ J_s_s.

(CIC n.º 151)

en la red

www.encuentra.com

En los apartados *Doctrina* y *Encíclicas* encontrarás documentación sobre la fe cristiana.

www.conferenciaepiscopal.es

Entrando en *Documentos* podrás consultar diferentes textos del magisterio.

Dichosos vosotros

Las bienaventuranzas son el mejor retrato de lo que fue Jesús. Y han sido consideradas como la norma suprema de la conducta del cristiano. Son la forma de vida de aquellos que pretenden seguir a Jesús. Muchos cristianos han pretendido vivir su fe en Jesús siguiendo el estilo de las bienaventuranzas.

Dichosos los pobres de espíritu

Son aquellos que no guardan para sí la riqueza, acumulando, acaparando... sino que utilizan sus bienes para ayudar a los demás. Practican la generosidad que enriquece.

Dichosos los misericordiosos

Son los que saben perdonar y pedir perdón y los que no se quedan parados ante el sufrimiento ajeno. Practican la misericordia que hace hermanos.

Dichosos los limpios de corazón

Son aquellos que miran al mundo con los ojos de Dios, contemplando la bondad y la belleza de todas las criaturas. Practican la transparencia y la contemplación.

Dichosos los que construyen la paz

Son los que han vaciado sus bolsillos de odios y rencores y son capaces de construir la paz en su casa y en su corazón. Practican la denuncia de todas las guerras y violencias.

Dichosos los hambrientos de justicia

Son los que denuncian la injusticia y buscan que se implante en el mundo el orden querido por Dios. Practican el compromiso por la justicia.

Raoul Follereau

Raoul Follereau nació en Francia en 1903. Fue poeta y autor de teatro. Pronto descubrió la tragedia de los leprosos, viajando con su mujer por varias leproserías del mundo. Desde entonces dedicó su vida a dar a conocer la tragedia de la lepra y a buscar ayuda y financiación para los tratamientos. Hizo llamamientos a los presidentes de Estados Unidos y Rusia para que destinaran el dinero de un día de guerra para ayuda de los leprosos. Esta propuesta fue aprobada por la Asamblea General de la ONU. Hoy, un tercio de los veinte millones de leprosos del mundo es tratado regularmente gracias a la acción de Raoul Follereau.

Wangari Maathai

La profesora Wangari Maathai, conocida en Kenia como la "madre de los árboles", recibió el Premio Nobel de la Paz por "su contribución al desarrollo sostenible, a la democracia y a la paz". Maathai lidera un movimiento para promover en África y en Kenia un desarrollo que sea viable tanto en lo ecológico como en lo social, económico y cultural. Su enfoque del desarrollo sostenible comprende también la democracia, los derechos humanos y los de las mujeres, en particular. Gracias a sus iniciativas se han plantado unos treinta millones de árboles, se ha protegido el medio ambiente, se ha evitado la desertización, se preservan espacios para la fauna salvaje y se protegen las aguas. Aunque ha sufrido el encarcelamiento, la tortura y la humillación, Maathai siempre ha mantenido la esperanza, que, según ella, es la que debe dar nuevas fuerzas.

Isabel Bayonas

Isabel es una mujer extrovertida, luchadora y amante de la familia. Su primer hijo, David, nació con autismo, y desde ese momento decidió dedicarse a conseguir que su hijo, a pesar de las limitaciones, fuera feliz.

Tras ver cómo prácticamente lo desahuciaban y le invitaban a ingresar en un manicomio, emprendió una lucha personal para hacer que David lograra cierta autonomía, haciendo que poco a poco, con mucho esfuerzo y ante el asombro de los médicos, se fueran dando avances significativos.

"Un día, después de salir de la consulta, hablé con Dios y le dije: Gracias por haberme dado la fuerza, porque no sabía lo que tenía que hacer. Te prometo que parte de mi vida y de mi tiempo lo dedicaré a otros niños como el mío y a otras madres como yo". A partir de aquel momento se dedicó plenamente a ayudar a las personas afectadas por el autismo.

Desde que fundó la Asociación Española de Padres de Niños Autistas, Isabel afirma que nunca le han faltado las fuerzas, que nunca ha sentido aquello de "ya no puedo más". Reconoce que el proceso ha sido, y es, duro, difícil, pero está orgullosa de haber conseguido lo que se propuso, que David fuera feliz.

Dorothy Stang

Dorothy Stang era una monja norteamericana, que trabajaba como misionera en la Amazonia. Su asesinato ocurrió el 12 de febrero de 2005, mientras se dirigía a una reunión del Proyecto de Desarrollo "Esperanza". Este proyecto beneficiaría a 600 familias con la adjudicación de 140000 hectáreas de tierra. Dos pistoleros le dispararon seis balazos a quemarropa, segándole la vida. Durante treinta años defendió las causas ambientales y los derechos de los trabajadores sin tierra en Brasil.

Paulo Henrique Machado

Durante años defendió a las víctimas de excesos policiales en Río de Janeiro, concretamente se había destacado por su apoyo a las víctimas de la masacre a manos de la policía de 29 personas en Nova Iguazu. Machado había establecido un grupo de apoyo para los parientes de las víctimas de aquella masacre. Por estar junto a las víctimas y por trabajar en el esclarecimiento de los hechos y en la captura de los culpables, este sacerdote católico fue asesinado a la edad de 36 años.

Cuestiones para el debate

Como en las unidades anteriores, os proponemos realizar un debate en el aula a partir de las siguientes afirmaciones e interrogantes:

1.ª Las bienaventuranzas son una bella utopía, pero impracticables en la sociedad actual.

2.ª ¿Qué debe ser lo primero, trabajar por la paz o trabajar por la justicia?

3.ª ¿Qué bienaventuranza no dejarías de incluir en los estatutos de una organización cristiana?

7

Decidir en libertad

LAS PERSONAS TENEMOS LA CAPACIDAD DE ORIENTAR NUESTRA VIDA, PARA LO CUAL HEMOS DE TOMAR MUCHAS DECISIONES. DE CÓMO DECIDAMOS DEPENDERÁ EN GRAN PARTE QUE NUESTRA VIDA SALGA BIEN O NO. SOBRE CÓMO ORIENTAR CORRECTAMENTE NUESTRA VIDA TRATA ESTA UNIDAD.

Sabías que ...

- Una persona adulta toma más de 1 000 decisiones al día.
- La libertad e igualdad de todas las personas es la primera afirmación de la Declaración de los Derechos Humanos.
- La primera ley de abolición de la esclavitud se firmó en el año 1794.

Para dialogar

- A lo largo de la vida de una persona hay decisiones importantes porque marcan la orientación que ella quiere darle. ¿Puedes enumerar alguna de estas decisiones?
- ¿Qué decisiones han tomado las personas aquí representadas? Reconstruye el proceso que crees que han seguido.
- Hay quien se siente mal cuando tiene que tomar decisiones. ¿Es fácil decidir bien en la vida? ¿Qué dificultades encontramos a la hora de tomar decisiones?

Lo que vamos a estudiar

→ Qué significa que somos libres, qué es la libertad.
→ Cómo conseguir y afianzar la libertad en nuestra vida.
→ El peligro de la pérdida de la libertad.
→ Cómo saber qué es lo bueno y lo conveniente.

1. ¿Somos libres?

Una pregunta importante

Se suele afirmar que el ser humano es un ser libre. Y se considera la libertad como una característica esencial que lo diferencia de todos los demás seres vivos. Pero muchos se preguntan si eso es verdad porque parece que la vida de las personas está tan condicionada que no hay espacio para la libertad: dependemos de los demás para muchas cosas. Desde que nacemos recibimos muchas influencias que marcan nuestra forma de pensar y de actuar, tenemos que movernos en un contexto social, económico y cultural determinado, etc.

La pregunta de si somos o no libres es importante, porque si no lo somos, entonces tampoco somos responsables de nuestros actos. Es decir, si actuamos movidos por fuerzas superiores a nosotros y que no dependen de nuestra voluntad, nadie puede pedirnos cuentas de lo que hacemos. Si no fuésemos libres, nuestros actos no serían verdaderamente nuestros, y tampoco tendríamos que preocuparnos de actuar bien o mal, o de tomar decisiones correctas en cada caso.

La libertad es la capacidad de responder de manera adecuada y constructiva a las llamadas que se reciben

Una mirada a la vida

Para responder a la pregunta de si somos libres o no, hay que empezar por mirar la vida tal y como es. Ninguna persona ha decidido nacer. Todos hemos sido llamados a la vida por nuestros padres. A partir de ahí, la persona recibe cuidados, ayuda física, educación, etc.

Mucho de lo que somos se debe a los vínculos que nos unen al entorno y a los otros. Además, en la vida aparecen circunstancias que a veces no dependen de nuestra voluntad y a las que hay que hacer frente. Por otra parte, la persona tiene un mundo interior del que le llegan impulsos en forma de deseos, sentimientos, gustos personales, etc.

Todas estas influencias que la persona recibe desde sí misma o desde el exterior y todas las circunstancias que le toca vivir podemos considerarlas como llamadas que le llegan.

¿Qué es ser libre?

Ser libre no es vivir aislado de todos y de todo, o no estar influenciado ni condicionado por nada. Eso no sería humano. La libertad es la capacidad de responder de manera adecuada y constructiva a las llamadas que se reciben. En esta opción elegimos entre el bien y el mal. La persona, a medida que crece, es más consciente de esas llamadas y de que se puede responder a ellas de distintas maneras.

La vida es un juego de llamadas y de respuestas con el que la persona va dirigiendo su existencia. Esta dirección puede ser constructiva o destructiva. Hay personas que con las respuestas a las llamadas se construyen a sí mismas y ayudan a construirse a los demás, y otras que más bien provocan destrucción en sí mismas y en su entorno.

Se es libre cuando, ante una llamada exterior o interior, se elige la respuesta más adecuada, esto es, eligiendo el bien y rechazando el mal. La auténtica libertad genera felicidad en uno mismo y en los otros.

en la red

www.masalto.com

Esta es una página con mucha información sobre valores. Si en el buscador tecleas la palabra *libertad*, encontrarás varios artículos sobre el tema.

actividades

1 Un juego para la reflexión. Elige entre las siguientes propuestas una de cada pareja.

– ¿Por qué has preferido una sobre otra?

– En alguna de las propuestas, ¿hubieses elegido las dos?

– Cuando tienes que tomar una decisión, ¿qué criterios te mueven?

PLAYA

FÚTBOL

CONCIERTO

EN PAREJA

MONTAÑA

ATLETISMO

CINE

CON LOS AMIGOS

2 Las personas, a lo largo de la vida, recibimos distintas llamadas a las que respondemos desde nuestra libertad. Aquí tienes una lista que recoge algunas de esas llamadas. Añade otras que tú veas que reciben las personas y que no están en esta lista.

– ¿Cuáles de estas llamadas provienen del interior de la persona y cuáles del exterior?

– Elige dos de estas llamadas. Piensa para cada una de ellas, una lista de posibles respuestas que darían personas distintas. Indica cuáles consideras adecuadas, cuáles no y por qué.

1. La publicidad.
2. El amor hacia otras personas.
3. Las preguntas por el sentido de la vida.
4. La moda.
5. Lo que está bien visto en la sociedad.
6. Los propios sentimientos.
7. Las necesidades de los demás.
8. El deseo de ser feliz.
9. La belleza y variedad de la naturaleza.
10. El deseo de comunicarse con Dios.
11. La existencia del universo.
12. Un desastre natural.
13. Una enfermedad grave.
14. El amor que se recibe.
15. Lo que dicen los medios de comunicación.

¿Cómo encontrar la respuesta adecuada?

Cada día tomamos muchas decisiones. Escuchar, valorar y decidir es el camino para conquistar la libertad.

1 Hemos visto que ser libre es responder adecuadamente a las llamadas de la vida. Después de leer esta pequeña historia, ¿qué llamadas reciben sus protagonistas?

– Las respuestas que dan a esas llamadas, ¿te parecen correctas?, ¿por qué?

Quique tiene 16 años. Le gustan mucho las motos y siempre ha deseado tener una. Su padre no quiere comprársela y, además, le ha prohibido conducir cualquier moto hasta que no cumpla los 18.

Andrés, un buen amigo de Quique y dos años mayor que él, tiene una moto potente. Como Quique se pone muy pesado, le deja conducir de vez en cuando.

Un día que Quique conducía tuvieron un accidente. A Andrés no le pasó nada, pero Quique se rompió la pierna. Para no tener problemas con su padre, Quique dijo que el que conducía era Andrés, y éste sacó la cara por él. El accidente, y el tener que estar varios días inmovilizado, le puso a Quique de un humor de perros.

A los pocos días del accidente, su padre se encontró con un conocido que había presenciado el accidente, y se enteró de que el que conducía era Quique. El padre se sintió engañado y desobedecido. Al llegar a casa le echó la bronca a su hijo y le prohibió volver a salir con Andrés.

2 *Stop Volden* es una asociación juvenil que comenzó su actividad en Dinamarca pero que hoy trabaja en otros países. Su objetivo es establecer el diálogo como medio para resolver los conflictos. Después de leer el siguiente texto:

– ¿Qué llamadas reciben estos jóvenes daneses? ¿De quién las han recibido? ¿Cómo responden?

– ¿Es fácil saber siempre cuál es la respuesta adecuada a las llamadas que recibimos? ¿Por qué?

– ¿Qué hay que tener en cuenta a la hora de tomar una decisión?

Stop Volden (Detén la violencia)

En otoño de 1993, cinco jóvenes de Copenhague se reunieron para intentar cambiar la pasividad de la gente ante los incidentes violentos que estaban ocurriendo, especialmente entre adolescentes. "Decidimos hacer un esfuerzo para convencer a los jóvenes de que la violencia no es la respuesta".

Un amigo nuestro recibió seis navajazos y casi murió. Después de eso decidimos organizar un concierto contra la violencia. Posteriormente, varios jóvenes acuchillaron a otra persona, y en esta ocasión la víctima murió.

Entonces enviamos una nota a la prensa y pronto en todo el país nos conocían como los adolescentes llamados "Detén la violencia".

Nuestro objetivo era la juventud de Dinamarca, personas de entre 12 y 25 años, pero pronto nos dimos cuenta de que no era suficiente dirigirse a los jóvenes: padres, profesores de escuela, clubes de jóvenes, policía, amigos, etc. Solo después de despertar la conciencia de ese grupo de gente podíamos esperar resultados.

Después de nuestro primer concierto, 1500 personas tuvieron la oportunidad de unirse a nuestro movimiento enviándonos postales especiales con su nombre, dirección, edad, etc. Descubrimos que los eventos culturales eran tan efectivos como los conciertos para expresar nuestra preocupación y problemas comunes.

Foreningen Stop Volden

Una pieza clave: la conciencia

Se nace con la capacidad de ser libre, pero la libertad hay que buscarla y trabajarla. En este proceso es fundamental la formación de la conciencia.

La conciencia es ese lugar interior en el que la persona percibe las llamadas de la vida, las valora y decide darles respuesta. Cuando decimos "hay que actuar en conciencia" queremos decir que la persona siempre tiene que decidir y obrar de acuerdo con lo que le diga su conciencia.

La conciencia es ese espacio interior en el que la persona valora las llamadas que recibe y les da respuesta

Saber escuchar

El primer paso para formar la conciencia es aprender a escuchar. Es necesario identificar bien las llamadas que se reciben: quién o qué me está llamando. En el caso de que la llamada provenga de una persona o de mí mismo, debo preguntarme también hacia dónde me quiere llevar esa llamada y por qué.

Saber valorar y decidir

Además de escuchar, yo debo valorar la llamada. Para ello he de tener criterios de valoración. ¿Dónde encontrarlos?

- En las ***normas.*** En la sociedad existen normas básicas que orientan el comportamiento. Son necesarias para la vida, porque indican por dónde debemos buscar lo bueno y lo valioso. Por ejemplo, una norma social básica indica que no es bueno apropiarse de lo ajeno. Sin embargo, las normas no son suficientes por dos razones: una, porque no existen normas para todas las situaciones, y otra, porque en determinadas situaciones se puede transgredir una norma si con ello se consigue un bien mayor.
- En los ***valores***. Las normas están al servicio de los valores, que son más importantes. Un valor es una cualidad que poseen las cosas o las situaciones y que nos las hace atractivas. Por ejemplo, las situaciones justas nos atraen más que las injustas porque consideramos que la justicia aporta felicidad. Así decimos que la justicia es un valor. Necesitamos interiorizar en nuestra conciencia los valores y decidir de acuerdo con ellos.

Así pues, ante una determinada llamada me debo preguntar: ¿hay alguna norma que me oriente en la respuesta correcta? ¿Qué valor me propone esta llamada? ¿Este valor es constructivo para mí y para los demás? ¿Entra este valor en contradicción con otros valores que yo considero más importantes? ¿Qué consecuencias puede tener la respuesta que se dé a la llamada?

Saber actuar

Cuando tenemos claro qué valores son importantes para nosotros, hemos de actuar de acuerdo con ellos. A eso se llama cultivar actitudes. Una actitud es la disposición habitual a actuar de una determinada manera, según un determinado valor. Por ejemplo, decimos que una persona es servicial cuando habitualmente lleva a la práctica el valor del servicio.

Cuando una persona forma su conciencia, actúa de manera libre y responsable. La responsabilidad es saber explicar por qué se actúa de una determinada manera, y asumir las consecuencias de lo que se hace.

VOCABULARIO

Libertad. Facultad natural de las personas para obrar o no obrar o para elegir la forma de hacerlo.

Norma. Regla que se debe seguir porque determina cómo debe ser algo o cómo debe realizarse.

Valor. Principios morales, ideológicos o de otro tipo que guían el comportamiento personal.

3. Buscar lo bueno

¿Qué es lo bueno?

Si miramos a nuestra sociedad, vemos que no todos piensan igual sobre lo que es bueno o malo. Muchas veces se discute si un determinado comportamiento es bueno o no, y no siempre hay acuerdo sobre ello. Saber qué es lo bueno es importante, porque de eso depende nuestra felicidad.

Cuando un cristiano quiere saber qué es bueno, mira a Jesús. En él encuentra a alguien que fue feliz porque supo poner su libertad al servicio del bien.

REMBRANDT, *El salvador*

La persona de Jesús y su mensaje son la principal llamada que un cristiano recibe en su vida

Tres caminos hacia el bien

En una ocasión le preguntaron a Jesús qué era lo bueno, dónde estaba el bien. La pregunta se la formularon de esta manera: ¿cuál era el mandamiento principal de la ley? Su respuesta fue: "Amarás al Señor, tu Dios, con todo tu corazón, y al prójimo como a ti mismo". Así pues, marcó tres pistas para encontrar el bien: amar a Dios, amar al prójimo y amarse a sí mismo.

El que ama encuentra el bien. Y si nos preguntamos qué es amar, podemos escuchar estas palabras de Jesús: "Como yo os he amado, así también amaos los unos a los otros". Es decir, no cualquier cosa que se llama amor lo es realmente. El cristiano busca vivir el amor tal y como lo vivió Jesús. La persona y las palabras de Jesús son la principal llamada que un cristiano recibe en su vida.

- ***Amar a Dios***. Es reconocerlo como Padre que ama todo y a todos, y que es digno de toda confianza. Es tomar su voluntad como orientación básica de la vida. Es cultivar la relación con él como fuente de luz y de fuerza en el día a día.
- ***Amar al prójimo.*** Es mirarlo siempre como hijo de Dios y hermano, y no como competidor o agresor. Es respetar su dignidad y su libertad. Es actuar buscando su mayor bien, atendiendo a sus necesidades y procurando su desarrollo como persona. Es, incluso, llegar a poner su bien por encima del propio.
- ***Amarse a sí mismo.*** Es sentirse hijo amado de Dios, y, por tanto, llamado a vivir una vida de plenitud. Es cuidar de sí mismo atendiendo a las propias necesidades. Es defender la dignidad propia frente a las agresiones. Es desarrollar las cualidades y capacidades recibidas en bien propio y de los demás.

El bien es posible

Alguien podría pensar que todo lo anterior lo podía vivir Jesús, pero que para el resto de las personas es imposible. Sin embargo, Jesús dijo: "El que cree en mí hará también las obras que yo hago y aun mayores".

Jesús no solo nos muestra el camino del bien, sino que además hace a las personas capaces de vivirlo. ¿Cómo? Ofreciendo su amistad, su mismo espíritu, incluso su misma vida por medio de los sacramentos, especialmente el de la eucaristía: "El que come mi carne y bebe mi sangre vive en mí, y yo en él". Así, unido a Jesús, el cristiano se va haciendo capaz de amar.

actividades

1 Aquí tienes una lista de hechos y dichos de Jesús. A la derecha hay tres gráficos que representan los tres caminos del bien que Jesús propone. Hay tres círculos en cada gráfico.

- Dibuja en tu cuaderno los tres gráficos con sus círculos y lee con mucha atención cada una de las nueve frases.
- Escribe en el círculo correspondiente el número del dicho o del hecho de Jesús que tenga relación con cada uno de los caminos.

1. "Nadie tiene amor más grande que quien da la vida por sus amigos." *(Jn 15,13)*
2. "Mi sustento es hacer la voluntad del que me ha enviado hasta llevar a cabo su obra de salvación." *(Jn 4,34)*
3. "Venid vosotros solos a un lugar solitario, para descansar un poco." *(Mc 6,31)*
4. "Padre, a tus manos encomiendo mi espíritu." *(Lc 23,46)*
5. "Al desembarcar, vio Jesús un gran gentío, sintió compasión de ellos, pues eran como ovejas sin pastor, y se puso a enseñarles muchas cosas." *(Mc 6,34)*
6. "Si he hablado mal, demuéstrame en qué, pero si he hablado bien, ¿por qué me pegas?" *(Jn 18,23)*
7. "Cuando oréis, decid: Padre, Santificado sea tu nombre; venga tu reino." *(Lc 11,2)*
8. "Yo he venido para dar vida a los hombres y para que la tengan en plenitud." *(Jn 10,10)*
9. "El que me envió está conmigo y no me ha dejado solo." *(Jn 8,29)*

AMOR A LOS DEMÁS

○ ○ ○

AMOR A SÍ MISMO

○ ○ ○

AMOR A DIOS

○ ○ ○

2 De las siguientes situaciones reales, indica a cuál de los tres caminos propuestos por Jesús se acerca más cada una de ellas y por qué.

1. Amparo es una religiosa enferma que apenas puede moverse. Dedica la mayor parte de su tiempo a orar y a dar gracias a Dios por el don de la vida.

2. Manuel está casado y tiene dos niños. Cuida de su mujer enferma, lleva la casa y cuida de los niños. Lo que más le preocupa es que los suyos sean felices.

3. Carlos es estudiante de arquitectura. Su mayor satisfacción es aprender los secretos de esta ciencia, por eso pasa muchas horas estudiando.

4. Paquita es concejala de Servicios Sociales, la puerta de su despacho siempre está abierta para el quien lo necesite.

El peligro de la esclavitud

San Pablo escribió en una de sus cartas: "Para ser libres nos ha liberado Cristo, no permitáis que os conviertan de nuevo en esclavos". Es un hecho que las personas pueden llegar a vivir como esclavos en vez de como seres libres. Es el riesgo que se corre si no se orienta adecuadamente la vida o si se van acumulando decisiones equivocadas.

Para el cristiano, la esclavitud es el pecado. El pecado es dar respuestas negativas y no constructivas a las situaciones y a las personas, es responder a Dios, a los demás y a sí mismo sin ese amor que Jesús nos propone. Cuando alguien actúa de esta manera, está siendo esclavo de fuerzas que le separan del bien y del camino de la felicidad.

El camino que conduce a la libertad es estrecho y difícil

Las fuerzas que esclavizan

En ocasiones se puede tener la impresión de que estamos sometidos a fuerzas e influencias tan poderosas que es imposible actuar de acuerdo con la propia conciencia.

Unas veces, estas tendencias negativas surgen del interior de la persona: sus deseos y sus inclinaciones le llevan a actuar como no quisiera y le hacen sentirse contradictorio. El mismo san Pablo decía de sí mismo: "No hago lo bueno que quiero hacer, sino lo malo que no quiero".

Otras veces, las influencias negativas provienen del exterior. Por ejemplo, cuando la presión social o de grupo fuerza a actuar de una determinada manera que uno, en el fondo, considera negativa. O cuando la forma en la que está organizada la sociedad hace asumir como normales o inevitables cosas como la desigualdad, las injusticias o la violencia.

Siempre hay una senda hacia la libertad

Siempre hay un resquicio, un camino, por pequeño y estrecho que sea, que nos permite elegir el bien y, por tanto, responder con libertad a las situaciones de la vida. Siempre hay una oportunidad para el bien, incluso en las situaciones más negativas u opresivas que se puedan dar.

La senda de la libertad no suele ser el camino más fácil. Jesús ya advirtió de que habría que buscarla con tesón e imaginación, porque podría estar escondida y pasar desapercibida: "Entrad por la puerta estrecha. Porque la puerta y el camino que conducen a la perdición son anchos y espaciosos, y muchos entran por ellos; pero la puerta y el camino que conducen a la vida son estrechos y difíciles, y pocos los encuentran".

Jesús, en su vida, buscó siempre estas sendas originales y estrechas, y ahora ayuda a sus seguidores a hacer lo mismo. Con su palabra que ilumina, y con su Espíritu que mueve los corazones, Jesús libera de la esclavitud del pecado.

en la red

www.acnur.org

Página de la agencia de la ONU para los refugiados. Desde el índice se accede a *Publicaciones*, donde encontrarás artículos sobre el ejercicio de la libertad y la solidaridad.

actividades

1 El 16 de septiembre de 2002 moría en Roma el cardenal Francisco Javier Nguyen van Thuan. Siendo obispo de Saigón fue encarcelado por el régimen comunista, y pasó 13 años en la cárcel, nueve de ellos totalmente aislado del exterior.

A continuación tienes algunos escritos de sus años de cárcel. Después de leerlos, intenta profundizar en su experiencia respondiendo a estas preguntas.

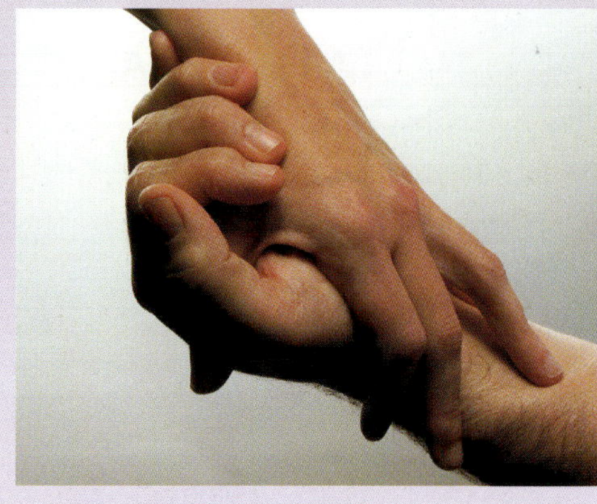

- Ser encarcelado injustamente es una situación ante la que se puede reaccionar de distintas maneras. Piensa posibles sentimientos, actitudes y comportamientos con los que una persona puede responder ante una experiencia de este tipo.
- Analiza la respuesta que Nguyen van Thuan da a la situación. ¿Cómo responde? ¿Por qué lo hace de esa manera? ¿Crees que fue una respuesta conveniente y constructiva?
- Él dice que en medio de la confusión que le provoca su detención, se siente "más libre que nunca". ¿Por qué crees que dice eso? ¿Es posible sentirse libre en esa situación? ¿Qué significa entonces para él la libertad?

La libertad de un prisionero

"Jesús, ayer por la tarde, fiesta de la Asunción de María, fui arrestado. Transportado durante la noche desde Saigón hasta Nhatrng, a 450 kilómetros de distancia, en medio de dos policías, he comenzado la experiencia de mi vida de prisionero. Hay tantos sentimientos confusos en mi cabeza: tristeza, miedo, tensión; tengo el corazón desgarrado por haber sido alejado de mi pueblo. Pero en este mar de extrema amargura me siento más libre que nunca.

En la oscuridad de la noche, en medio de este océano de ansiedad, de pesadilla, poco a poco me despierto: `Debo afrontar la realidad. Estoy en la cárcel. Si espero el momento oportuno de hacer algo verdaderamente grande, ¿cuántas veces en mi vida se me presentarán ocasiones semejantes? No, aprovecho las ocasiones que se presentan cada día para realizar acciones ordinarias de manera extraordinaria'. Jesús, no esperaré, vivo el momento presente colmándolo de amor".

2 ¿Cuál es el principal motivo por el que el prisionero Francisco Javier Nguyen van Thuan no siente rechazo por sus guardianes?

"Era muy difícil para mis guardias comprender cómo se puede perdonar, amar a los enemigos, reconciliarse con ellos:

- ¿De veras nos ama?
- Sí, os amo sinceramente.
- ¿A pesar de que le hacemos daño? ¿Aun sufriendo por haber estado tantos años en prisión sin haber sido juzgado?
- Pensad en los años en que hemos vivido juntos. ¡Realmente os he amado!
- Cuando quede en libertad, ¿no mandará a los suyos a hacernos daño, a nosotros o a nuestras familias?
- No, continuaré amándoos, aunque me quisierais matar.
- Pero ¿por qué?
- Porque Jesús me ha enseñado a amaros. Si no lo hiciera, no sería digno de llamarme cristiano".

Francisco J. Nguyen van Thuan,
Cinco panes y dos peces. Madrid, Ciudad Nueva

Síntesis

COMPRUEBA LO QUE SABES

1. Explica con tus propias palabras el significado de estos términos.

1	Libertad	
2	Norma	
3	Conciencia	
4	Valor	
5	Actitud	
6	Responsabilidad	
7	Pecado	

2. Comenta el significado de estas frases. Escribe las respuestas en tu cuaderno.

1	La vida es un juego de llamadas y respuestas.	
2	Ser libre no es vivir aislado porque eso no sería humano.	
3	La libertad hay que buscarla y trabajarla.	
4	El primer paso para formar la conciencia es aprender a escuchar.	
5	La persona y las palabras de Jesús son la principal llamada que un cristiano recibe en la vida.	

1. Fuga de vocales. Completa la siguiente frase de este conocido personaje del siglo XX colocando las vocales que faltan.

– Para obtener la libertad externa, ¿qué considera Gandhi que es imprescindible conseguir?

N _ se n _ s _ ntr _ gará la lib _ rtad _ xt _ rna más que en la m _ dida _ xacta en que h _ yam _ s s _ bido, en un m _ ment _ det _ rminado, d _ sarr _ llar n _ estra l _ b _ rt _ d int _ rn _ .

Gandhi

2. Víktor Frankl es un psiquiatra austriaco que perdió a su familia en los campos de concentración nazis. Su teoría psicológica se basa en el binomio libertad-responsabilidad.

– Comenta la siguiente frase de V. Frankl: “Ser responsable significa responder, rendir cuentas de nuestras acciones a alguien con quien estamos comprometidos, sea Dios, los otros o nuestra conciencia”.

3. Observando la estatua de la Libertad en Nueva York, Viktor Frankl comentó que esa obra se debería completar con la estatua de la Responsabilidad, en Los Ángeles.

– Haz una descripción de cómo sería esa estatua de la Responsabilidad. En vez de la antorcha que porta la estatua de la Libertad, ¿que símbolo pondrías?

– ¿Qué frase se te ocurre para poner en la base de esa estatua?

4. Lee el siguiente texto del *Compendio del Catecismo de la Iglesia Católica*.

– Elige la frase que más te ha llamado la atención y coméntala.

– *Cuanto más se hace el bien, el hombre se va haciendo más libre. La libertad alcanza su perfección cuando está ordenada a Dios, bien supremo y bienaventuranza nuestra. La libertad implica también la posibilidad de elegir entre el bien y mal. La elección del mal es un abuso de la libertad, que conduce a la esclavitud del pecado.*

Compendio CIC. 363

5. Observa esta tira de cómic en la que dialogan dos personajes: Miguelito y Felipe.

– En tu opinión y en tu caso, ¿qué sería una vida que saliese bien, una vida lograda?

– ¿Todas las personas están de acuerdo en lo que es una vida que sale bien? En caso contrario, ¿qué opiniones distintas conoces sobre este tema?

– ¿Podrías resumir qué es lo que en este tema se ha dicho sobre lo que es una vida lograda y cómo conseguirla?

QUINO, *Todo Mafalda.* Barcelona, Lumen

en la red

www.encuentra.com

Al entrar en el apartado *valores* encontrarás varios artículos sobre cómo vivir los valores evangélicos.

www.amnistiainternacional.org

Página en la que se ofrece información sobre situaciones de privación de libertad y compromiso con situaciones de injusticia social.

¿Esclavos de nuestra libertad?

Aunque la esclavitud ha sido oficialmente abolida por los organismos internacionales, aún persisten en nuestra sociedad crueles focos de esclavitud. Sin embargo, y afortunadamente, hay personas que luchan contra esa lacra social y personal.

Esclavitud infantil

En el mundo entero, millones de niños y de niñas realizan trabajos extremadamente peligrosos en condiciones perjudiciales. Ponen en riesgo su salud, su educación, su desarrollo personal y social, e incluso su vida.

He aquí algunas de las circunstancias que deben afrontar: trabajo a plena dedicación en temprana edad, lugares de trabajo peligrosos, jornadas excesivamente prolongadas, sometimiento a abusos psicológicos, verbales, físicos y sexuales. Se les paga muy poco o no se les paga nada, trabajan y viven en la calle en malas condiciones, no tienen acceso a la educación y, así, no logran escapar del ciclo de la pobreza.

Más de ocho millones de niños son víctimas de la esclavitud en sus diferentes formas: servidumbre por deudas y otras formas de trabajo forzoso, reclutamiento para los conflictos armados, prostitución, pornografía y otras actividades ilícitas.

Nuevas esclavitudes de hoy

El teléfono móvil, la moda, el culto al cuerpo, la apariencia, la videoconsola, la telebasura, la obligación de salir, de beber y probarlo todo sin medida son algunas de las nuevas esclavitudes a las que se someten muchos de los adolescentes y jóvenes de hoy. Lo peor que puede pasar es ser esclavo y estar contento de serlo.

Estas nuevas esclavitudes, muy marcadas en los jóvenes, también aparecen entre los adultos. Impera el culto a las

marcas. La publicidad se convierte en la norma suprema que dirige las modas y las conductas.

Vivimos en una sociedad estandarizada y rendida hacia lo inmediato. Todo se convierte en objeto de consumo, hasta la espiritualidad y la solidaridad. "Lo que llevo es el reflejo de lo que soy", piensan algunos. ¿Nuevos grilletes para esclavos nuevos?

Ante situaciones como estas, cabe pensar si no somos esclavos de nuestra propia libertad.

El largo camino hacia la libertad

Nelson Mandela nació el 18 de julio de 1918 en Qunu, un poblado de unos 300 habitantes que vivían en chozas con paredes de barro.

Comprometido política y socialmente con su país, Sudáfrica, pasó 27 años de su vida en distintas cárceles.

Su delito: pedir la igualdad de todos los hombres y mujeres de su país sin importar su color. Su estancia en prisión movió el apoyo de gran parte de la comunidad internacional, que le convirtió en un símbolo de la lucha contra el apartheid y la discriminación racial.

El 10 de febrero de 1990 escribió:

"Cuando salí de la cárcel me impuse como misión la libertad de todos. La verdad es que todavía no somos libres. Simplemente hemos logrado la libertad para ser libres, el derecho a no ser oprimidos. Ser libre significa respetar al otro. He caminado un largo trecho hacia esa libertad. He intentado no vacilar. He tenido trompicones en el camino. Al fin he descubierto el secreto: después de conquistar una gran colina, uno descubre que hay muchas otras colinas que escalar. He tomado un momento aquí para descansar, para ver un poco de la perspectiva del camino que ya hemos recorrido. Pero solo puedo descansar un momento, porque con la libertad vienen las responsabilidades. No me puedo retrasar, porque nuestro largo camino aún no ha terminado".

NELSON MANDELA, *El largo camino hacia la libertad.* Madrid, Aguilar

En 1993 Mandela recibió el premio Nobel de la Paz y el 6 de mayo de de 1994 fue elegido primer presidente negro de la república de Sudáfrica.

No hay que odiar cuando nos odian

Titus Brandsma (1881-1942), a pesar de su débil constitución física, llegó a ser en su tiempo uno de los hombres más cultos e importantes de Holanda.

Después de ordenarse sacerdote, obtuvo en Roma el doctorado en Filosofía y se especializó en Sociología, Espiritualidad y Periodismo.

En mayo de 1940, las tropas de Hitler invadieron Holanda y comenzaron a controlar la enseñanza y a silenciar a la prensa católica para someter al pueblo.

Titus Brandsma, nombrado entonces asistente de la Unión de Periodistas Católicos, alzó valientemente la voz para denunciar la persecución contra los judíos y el atropello total a la libertad religiosa.

Los periodistas, animados por él, formaron un frente común contra el enemigo. Titus fue hecho prisionero por la Gestapo en 1942 y encerrado en la celda 577 de la prisión de Oranjehotel. Allí pasó siete semanas de terrible soledad. Sin embargo, para conservar su libertad, a pesar del aislamiento, se trazó un plan diario de trabajo. Escribió versos, comenzó una biografía de santa Teresa de Ávila, redactó un vía crucis y escribió dos pequeñas obras: *Mi celda* y *Cartas desde la cárcel.*

El 26 de julio de 1942, una enfermera le aplicó una inyección de ácido fénico que acabó con su vida. Más tarde, ella declaró que siempre recordaría la mirada de este sacerdote carmelita. Posteriormente se convirtió al catolicismo.

El papa Juan Pablo II lo proclamó beato en el año 1985.

CUESTIONES PARA EL DEBATE

Os proponemos tres cuestiones para el debate: la primera es una afirmación general sobre la que debéis debatir si estáis de acuerdo o no; la segunda, es para que optéis entre una u otra afirmación; la tercera es una pregunta abierta a la que debéis contestar con argumentos fundados.

1.ª Las religiones coartan la libertad de las personas.

2.ª ¿Con cuál de estas dos afirmaciones estás más de acuerdo: *Si fuera necesario, la persona puede arriesgar su vida para liberar a otros* o *Poner en peligro la propia vida, aunque sea para liberar a otras personas, atenta contra los principios cristianos.*

3.ª ¿Cual debe ser la postura de un cristiano ante las esclavitudes de hoy?

8

El regalo de la vida

EN LA UNIDAD ANTERIOR DECÍAMOS QUE LA PERSONA VA RECIBIENDO LLAMADAS, Y QUE LA PRIMERA DE ELLAS ES PRECISAMENTE LA LLAMADA A VIVIR. LA VIDA ES LO PRIMERO QUE ENCONTRAMOS Y LO ÚLTIMO QUE DEJAMOS. NOS REFERIMOS A LA VIDA BIOLÓGICA, PERO, DE MODO PARTICULAR, A LA VIDA HUMANA. EN TORNO A ELLA TOMAMOS CANTIDAD DE DECISIONES.

Sabías que ...

- El número de niños que nacen cada año en nuestro planeta supera los 130 millones.
- El derecho a disponer de la propia vida no está reconocido por la Convención Europea de Derechos Humanos.
- Con una media de 82,31 años, España se sitúa al frente de los países europeos con mayor esperanza de vida.

Para dialogar

- Observa las fotografías de estas dos páginas. ¿Qué aspectos de la vida muestran? ¿Qué amenazas contra la vida destacan?
- Se suele decir que la vida es lo más importante para una persona. ¿Estás de acuerdo en que la vida es siempre el valor principal?
- Enumera algunos temas relacionados con la vida humana y que hoy son motivo de discusión en nuestra sociedad.

Lo que vamos a estudiar

→ El fenómeno de la vida como algo que produce admiración y plantea interrogantes.

→ El valor que tiene la vida humana para un cristiano y lo que debe hacerse ante ella.

→ Las principales amenazas a la vida humana que existen hoy día.

→ Las manipulaciones de que puede ser objeto la vida humana.

1. La maravilla de la vida

La vida, primer dato de nuestra existencia

1 Observa detenidamente este cuadro del pintor Arturo Asensio: primero, en conjunto; después, fijándote en todos sus detalles (formas, colores, distribución de los elementos...). Para captarlo mejor puedes ayudarte del pequeño comentario que lo acompaña. Realiza tu propio comentario al cuadro siguiendo estas pistas:

- Procura identificar qué sentimientos te provoca la contemplación de este cuadro.
- ¿Cómo es la visión de la vida que transmite: optimista o pesimista, dinámica o estática...?
- ¿Por qué crees que el hombre y la mujer están en la parte superior?
- Como conclusión, ponle un título personal.

La espiral de la vida

En la parte inferior derecha hay unas manchas oscuras informes.
Hacia la izquierda aparecen formas de vida muy elementales flotando en el agua.
Y un poco más arriba, la figura de un primate.
Más arriba todavía, entre colores vivos, se ven las figuras de una mujer y de un hombre en movimiento ascendente. Parecen bailar o flotar.
La mujer lleva en la mano una rama de olivo, símbolo de la paz.
Hay un paisaje de montañas, plantas, pájaros y astros.
En la parte superior, todo parece bonito y en armonía.
El conjunto del cuadro parece moverse en espiral.

ARTURO ASENSIO, *Rezo con el Credo*. Madrid, PPC

2 Estas fotografías muestran tres formas distintas de vida: vegetal, animal y humana. ¿Qué tienen en común estas tres formas de vida?

- ¿Qué es lo que diferencia a la vida humana de las otras dos formas de vida?

Admirar la vida

Desde siempre, las personas han admirado la vida: su belleza, su grandiosidad, su fuerza. En toda la historia de la humanidad y en todas las culturas hay constancia de esta admiración, que ha dado origen a muchas formas de religión, al pensamiento filosófico, al arte y a la ciencia. Y es patrimonio común de todos los hombres y mujeres, la conciencia de que la vida es algo muy valioso que hay que proteger y desarrollar.

Hoy, gracias a los avances científicos, somos más conscientes de la complejidad y de la grandeza de la vida. Aunque estamos muy lejos de saberlo todo sobre ella, conocemos mucho de sus formas más elementales y de sus manifestaciones más desarrolladas. Sabemos también que todas las formas de vida están interrelacionadas, y que se integran en un proceso dinámico en continua evolución.

La vida humana

Siguiendo el desarrollo de la evolución, nos encontramos en un momento dado con un salto cualitativo: la aparición de la vida humana. Es vida biológica, pero también es mucho más que eso.

Con la persona entra en escena la conciencia. Y con ella, la libertad. Por eso, el ser humano es el ser vivo más admirable, más sorprendente, más rico en posibilidades. No porque sea biológicamente superior a todos los otros, sino por ser consciente y libre.

La vida humana, por tanto, no puede ser vista solo como un fenómeno biológico más, ni ser tratada como tal. Hay algo en ella que la diferencia esencialmente de todas las otras formas de vida.

La vida sigue fascinando a la humanidad, la cual se pregunta constantemente qué sentido y qué valor tiene

Una maravilla que da que pensar

Los científicos dicen que tanto la aparición de la vida en el universo como el desarrollo de la vida humana son casi una casualidad.

Estadísticamente, los dos fenómenos son una posibilidad remota entre otras muchas miles de posibilidades dentro de la evolución de la materia y de los seres vivos. Podría existir la materia inerte sin la vida. Y podría haber vida sin que existiese el ser humano. Algunos dicen que, siendo así, la vida en general y la vida humana en particular son mero fruto del azar y no tienen un valor especial.

Sin embargo, la vida en todas sus formas sigue fascinando a la humanidad y le lleva a preguntarse constantemente qué sentido y qué valor tiene.

Esta pregunta es especialmente importante en el caso de la vida humana: ¿por qué existe?, ¿tiene alguna finalidad?, ¿cuál es su valor?, ¿cómo debemos tratarla?

VOCABULARIO

Vida: Fuerza o actividad individual por la que un ser que ha nacido crece, se reproduce y muere cuando ésta cesa.

- **de por vida:** para siempre o para el tiempo de vida que le queda a una persona.
- **de toda la vida:** desde hace mucho tiempo.
- **la otra vida:** según algunas creencias religiosas, existencia después de la muerte.

2. El valor de la vida humana

La vida humana es un don

Los cristianos creen que la vida existe porque Dios, el creador, lo ha querido. Sea cual sea el proceso que da origen a las distintas formas de vida, la voluntad de Dios está detrás de él. Y como todo lo que Dios hace, lo hace por amor, afirmamos que hay vida porque Dios nos ama. La vida es, pues, un don, un regalo.

Dentro del conjunto de la vida, la humana es la de más valor, porque el hombre y la mujer están hechos "a imagen y semejanza de Dios". Es decir, además de la vida biológica, Dios ha regalado a los hombres y mujeres una dignidad que los hace superiores a todas las otras formas de vida. Les ha hecho capaces, además, de tratarle de tú a tú y de cultivar su amistad.

La vida humana es un don ante el que nos sentimos agradecidos y responsables

Responsables del don recibido

Los regalos se reciben con agradecimiento y, de alguna manera, nos vinculan con aquellos que nos los dan. Por eso, el cristiano recibe la vida humana con gratitud y ante ella se siente responsable. Esto supone:

- **Recibirla**. Ante todo, la vida se acoge y se agradece en uno mismo y en los demás. Así, el cristiano ve la vida humana como un signo del amor de Dios.
- **Conocerla**. La vida humana es un desafío constante al pensamiento humano. Por un lado, es una llamada a la ciencia para que conozca cada vez mejor su funcionamiento. Por otro, plantea muchas preguntas sobre las que la filosofía y la antropología deben reflexionar: ¿qué es el hombre?, ¿qué es la vida humana?
- **Cuidarla**. Esto supone crear unas condiciones sociales que permitan a todos llevar una vida digna y atender adecuadamente a la salud de las personas.
- **Promoverla**. No basta con cuidar la vida que ya existe. Estamos llamados también a ser fecundos, es decir, a dar vida con la vida que tenemos.
- **Defenderla**. En muchas ocasiones, y de muchas maneras, la vida se ve amenazada. Es deber del cristiano ponerse del lado de la vida y defenderla.

La vida humana, un valor absoluto

La vida humana es un valor sagrado. A nadie le está permitido destruirla, porque es gravemente contrario a la dignidad de la persona. No obstante, hay algunos casos especiales que conviene matizar.

Uno es el de la *legítima defensa*. Cuando, debido a la agresión de alguien, la vida de una persona corre serio peligro, ésta tiene derecho a defenderse, valorando el derecho a la vida, propia o del otro, pero no la opción de matar. La legítima defensa, para quien tiene la responsabilidad de la vida de otro, puede también ser un grave deber. Pero la respuesta a la agresión debe ser proporcionada al peligro real y no debe suponer un uso de la violencia mayor que el necesario.

El otro caso es la *entrega de la propia vida por amor* a alguien, poniendo el valor del amor por encima del valor de la vida. Esta es una decisión que a nadie se le puede exigir, pero que muchas personas han tomado. Es el caso de Jesús, de los mártires y de todos aquellos que han arriesgado o entregado su vida en defensa de la justicia o de la vida de otros.

La vida humana es un valor absoluto

actividades

1 En estas fotos tienes acciones que han realizado diferentes personas en relación con la vida. Te proponemos algunas actividades en torno a ellas (la de la manifestación se celebró el 12 de marzo de 2004, contra los atentados de Atocha, en Madrid).

– Relaciona cada una de ellas con una de las frases que hay a continuación.

1. *La humanidad debe avanzar en el conocimiento científico de la vida humana.*
2. *Una buena forma de dar valor a la vida es transmitirla a otros.*
3. *El cristiano defiende la vida humana frente a todas las agresiones que sufre.*
4. *Las personas cuya vida está más deteriorada serán objeto de mayor cuidado.*

– Reflexiona y dialoga sobre el contenido de las fotos y las frases: ¿Estás de acuerdo con las frases?, ¿por qué? ¿Crees que en nuestra sociedad, en general, y entre los cristianos, en particular, se viven estas orientaciones?

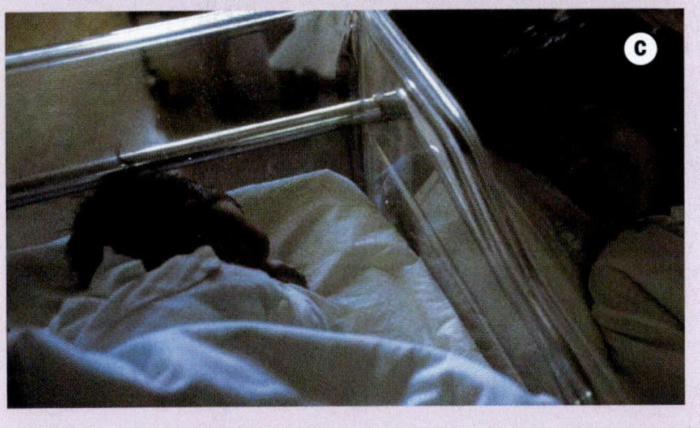

2 Lee con atención este canto a la vida que escribió Teresa de Calcuta.

– ¿Estás de acuerdo con todas sus afirmaciones? Explica tu respuesta.

– ¿Refleja el texto lo que hemos estudiado en la página anterior? Explica tu respuesta.

– Añade alguna frase más que exprese lo que es para ti la vida.

La vida es una oportunidad, aprovéchala.
La vida es una belleza, admírala.
La vida es un sueño, hazlo realidad.
La vida es un reto, afróntalo.
La vida es un deber, cúmplelo.
La vida es un juego, juégalo.
La vida es preciosa, cuídala.
La vida es riqueza, consérvala.
La vida es amor, gózala.
La vida es un misterio, desvélalo.
La vida es promesa, cúmplela.
La vida es tristeza, supérala.
La vida es himno, cántalo.
La vida es un combate, acéptalo.
La vida es una tragedia, domínala.
La vida es una aventura, atrévete.
La vida es felicidad, merécela.
La vida es la vida, defiéndela.
La vida es suerte, búscala.
La vida es demasiado preciosa, no la destruyas.

MADRE TERESA DE CALCUTA

3. La vida humana, amenazada

Principios generales

En el mundo de hoy encontramos serias amenazas contra la vida humana. Teniendo en cuenta lo dicho en los apartados anteriores, se pueden establecer una serie de principios generales que ayudan a responder adecuadamente a esas amenazas:

- **"No matarás".** El respeto a la vida humana es el principio más general.
- **Más allá de la ley del talión.** El principio del "ojo por ojo y diente por diente" no se puede aplicar porque desencadena una espiral de violencia y sufrimiento peor que lo que se intenta evitar.
- **Se deben procurar las mejores condiciones posibles en cada caso para el desarrollo de la vida humana.** Hay que buscar la mayor "calidad de vida", tanto para el conjunto de la sociedad como para cada persona.
- **La vida humana tiene un valor en sí misma que no depende de las circunstancias en las que se desarrolle.** Aunque esté disminuida o deteriorada, su valor no depende del grado de salud o de "normalidad" que tenga.
- **La persona no es dueña absoluta de su vida ni de la de los demás.** No se puede hacer lo que se quiera con la vida, sino aquello que sea mejor para su desarrollo y conservación, y también para el conjunto de personas que se relacionan con ella.
- **La vida humana comienza en el momento de la concepción.** Cuando el espermatozoide fecunda el óvulo, comienza a existir un nuevo ser humano, distinto del padre y de la madre. Hasta la anidación en el útero (unas dos semanas después), puede producirse la gemelación, que da lugar a un segundo ser humano, también individualizado, único e irrepetible, aunque con el mismo código genético. Por tanto, desde la fecundación es una persona humana, con la misma dignidad y derechos que los demás seres humanos, en primer lugar el derecho a la vida.

Se deben procurar las mejores condiciones posibles para el desarrollo de la vida humana

actividad

Tomar postura ante las amenazas

Hemos agrupado las amenazas a la vida humana en dos apartados: agresiones e interrupciones voluntarias. De todas ellas se da una breve explicación. Te pedimos que después de leer cada una y teniendo en cuenta lo estudiado en los apartados anteriores, copies los cuadros que te presentamos y rellenes los dos espacios de la derecha:

- **Principios que se aplican:** De los principios expuestos, selecciona los que hay que aplicar en ese caso.
- **Respuestas cristianas:** Frente a las agresiones se debe actuar. Escribe diferentes acciones que un cristiano podría llevar a cabo frente a esa agresión. Ten en cuenta que las acciones pueden ser de varios tipos: asumir determinados comportamientos, denunciar, mentalizar a la sociedad, atender a las víctimas o a las personas implicadas en el problema, prevenir actuando sobre las causas, etc.

Agresiones contra la vida humana

AMENAZA	DESCRIPCIÓN Y VALORACIÓN	PRINCIPIOS QUE SE APLICAN	RESPUESTAS CRISTIANAS
guerra	Además de los muertos y heridos que provoca, desencadena un conjunto de problemas de difícil y costosa solución. La guerra nunca es la solución adecuada.		
terrorismo	Basa su eficacia en provocar el mayor daño posible mediante acciones violentas que buscan sembrar el terror. No es un medio lícito para defender ningún tipo de reivindicación.		
condiciones inhumanas de vida	Algunos grupos sociales o algunas sociedades enteras se ven forzadas a vivir en condiciones que generan hambre, desnutrición o graves deficiencias de salud. Es una injusticia que puede y debe ser erradicada.		
tortura	Es el sufrimiento físico o mental que se ejerce de manera voluntaria sobre una persona con el fin de obtener algo de ella. Atenta contra la dignidad y la libertad de la persona.		
atentados contra la propia salud	Olvidar los cuidados básicos de la salud, provocarse trastornos en la alimentación o consumir drogas son atentados contra la vida. Además de degradar la propia vida, provocan muchos problemas y sufrimientos en el entorno.		
diversas formas de violencia	La violencia, ya sea la que se produce en el ámbito laboral, escolar y familiar, o la que se genera con actos de delincuencia, es totalmente rechazable.		
conducción temeraria	Conducir poniendo en peligro la propia vida o la de los demás es una falta moral muy grave. Y, a causa de ello, producir lesiones o incluso la muerte de otro es equiparable a un acto de violencia o a un homicidio.		

Interrupciones voluntarias de la vida

AMENAZA	DESCRIPCIÓN Y VALORACIÓN	PRINCIPIOS QUE SE APLICAN	RESPUESTAS CRISTIANAS
aborto voluntario	Es la interrupción voluntaria del embarazo provocando la muerte del no nacido. La moral cristiana lo rechaza porque destruye una vida humana en la situación de mayor indefensión.		
pena de muerte	Es rechazable porque supone terminar con una vida, aunque sea legalmente, y porque es un castigo que no permite la redención del reo ni, en caso de error, rectificar una sentencia equivocada.		
asesinato	Es provocar la muerte de otra persona inocente con premeditación. Nunca es justificable.		
suicidio	Se trata de una acción o de una omisión que se lleva a cabo con la intención de quitarse la vida. Sin embargo, más que acusar al suicida, hay que comprender que el suicidio suele ser manifestación de una vida sin ilusión ni sentido.		
eutanasia	Es provocar directa y deliberadamente la muerte de un enfermo que pide que se ponga término a su existencia. Asegurando los cuidados paliativos necesarios en caso de enfermedad grave o terminal, se rechaza la eutanasia por atentar directamente contra la vida, y por conceder valor solo a la que se desenvuelve en determinadas condiciones de salud.		

4. La vida humana, manipulada

¿Es válida cualquier manipulación de la vida humana?

Lee las siguientes noticias acerca de hechos relacionados con la manipulación de la vida humana.

– Busca noticias, similares a las que aquí tienes, que aborden el tema de la manipulación de la vida.

– ¿Es lícito un avance científico que no tenga en cuenta los principios morales?

LA ONU PROHÍBE LA CLONACIÓN HUMANA Y LA COMERCIALIZACIÓN DE SU GENOMA

Pese a esta declaración tan solemne, numerosos laboratorios, sobre todo en EE.UU., trabajan para conseguir la clonación de células humanas.

EL CREADOR DE "DOLLY" ADVIERTE QUE SI SE CLONAN PERSONAS TENDRíAN MALFORMACIONES

El Congreso de EE.UU. dedicó ayer una sesión a la clonación. A favor: un doctor que quiere clonar personas y un grupo que dice relacionarse con extraterrestres. En contra: científicos y religiosos.

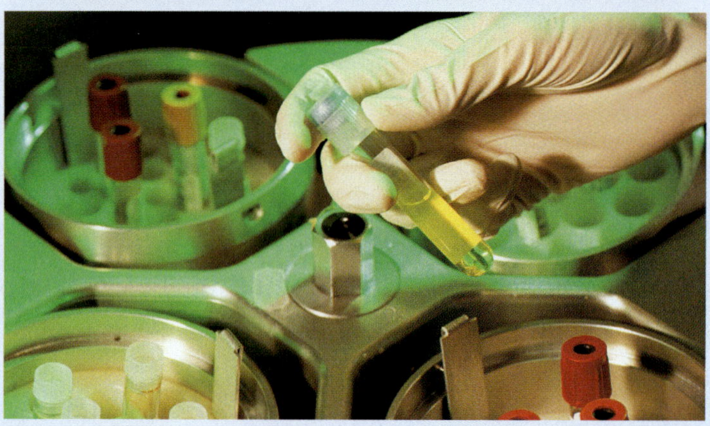

EL FIN Y LOS MEDIOS

Cuando la ciencia se aplica al alivio del sufrimiento y cuando, por este camino, descubre nuevos recursos, se muestra doblemente rica en humanidad: por el esfuerzo del ingenio aplicado a la investigación y por el beneficio anunciado a los afectados por la enfermedad.

También la investigación con células madre somáticas merece aprobación y aliento cuando conjuga felizmente al mismo tiempo el saber científico, la tecnología más avanzada en el ámbito biológico y la ética que postula el respeto del ser humano en todas las fases de su existencia.

El bien del hombre no solo se ha de buscar en las finalidades universalmente válidas, sino también en los métodos utilizados para alcanzarlas: el fin bueno jamás puede justificar medios intrínsecamente ilícitos.

BENEDICTO XVI, en *Discurso a los participantes en un congreso organizado por la Academia Pontificia para la Vida*

Principios generales

Hoy día, la ciencia y la técnica han avanzado tanto que el hombre ya es capaz de manipular la vida humana en sus mismos orígenes. Esto abre muchas esperanzas a la humanidad, pero también plantea importantes interrogantes éticos. Para orientarse en medio de todas estas situaciones nuevas y completar los principios generales explicados en el apartado anterior, se pueden dar los siguientes principios inspirados en la fe cristiana:

- **La ciencia y la técnica deben estar al servicio de la promoción y del cuidado de la vida humana, y evitar moverse por intereses de otro tipo.** Es decir, habrá que investigar en aquello que sea más beneficioso para el bien integral del mayor número de personas, y no solo en lo que sea más lucrativo o favorezca determinados intereses.
- **No todo lo técnicamente posible es moralmente bueno.** El respeto al valor y a la dignidad de la vida humana impone unos límites a la investigación científica y a las técnicas empleadas. Y estos límites no los deben decidir solo los científicos.
- **La vida humana no puede ser manipulada para ponerla al servicio de algo que no sea ella misma.** Por el valor que tiene en sí misma, no puede usarse para cubrir determinadas necesidades personales o sociales.

La ciencia y la técnica deben cuidar y promocionar la vida humana

actividad

Aquí tienes un cuadro como los del apartado anterior, pero dedicado a las manipulaciones de la vida humana en sus orígenes. Al igual que en los anteriores, se trata de que completes las casillas vacías de la derecha.

Para la columna "Principios que se aplican" puedes utilizar tanto los principios que se acaban de explicar como los del apartado anterior.

✔ Manipulaciones de la vida

MANIPULACIÓN	DESCRIPCIÓN Y VALORACIÓN	PRINCIPIOS QUE SE APLICAN	RESPUESTAS CRISTIANAS
Reproducción asistida	Existen dos técnicas destinadas a favorecer la reproducción en parejas que tienen dificultades fisiológicas para ello: la inseminación artificial y la fecundación *in vitro*. En la primera se introduce artificialmente el semen del hombre en el aparato reproductor de la mujer. En la segunda, el óvulo se fecunda en el laboratorio y después se implanta en la mujer. Tanto la inseminación artificial como la fecundación *in vitro* no son aceptadas por la doctrina de la Iglesia puesto que ambas prácticas quedan desligadas del acto sexual.		
Investigación con "células madre" embrionarias	Las "células madre", mejor llamadas células troncales, son las que tienen la capacidad de dividirse ilimitadamente y de dar lugar a diferentes tipos de células especializadas. Investigando con ellas se pueden llegar a producir en el laboratorio tejidos humanos y hasta órganos completos, lo cual constituiría un gran avance médico. Las hay de dos tipos: embrionarias, que se encuentran en los embriones u óvulos fecundados, y adultas, que están en algunos tejidos del organismo adulto. Investigar con las adultas no plantea ningún problema moral. Sin embargo, utilizar las embrionarias supone la muerte del embrión.		
Manipulación genética	Consiste en introducir cambios en la dotación genética de un embrión. Sería válida en el caso de que tuviese una finalidad terapéutica, como, por ejemplo, eliminar el gen causante de una enfermedad, pero no si se trata de "diseñar" genéticamente un ser humano para que responda a determinados gustos o intereses. Es el caso de la elección del sexo o de algunas características de los hijos, o también de la clonación de una persona para crear un ser genéticamente idéntico a ella.		

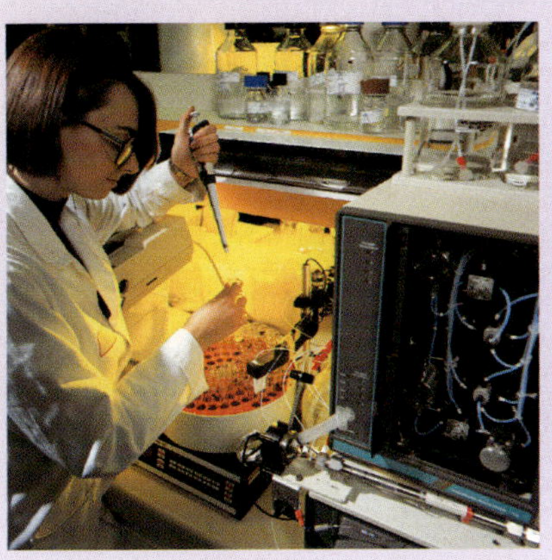

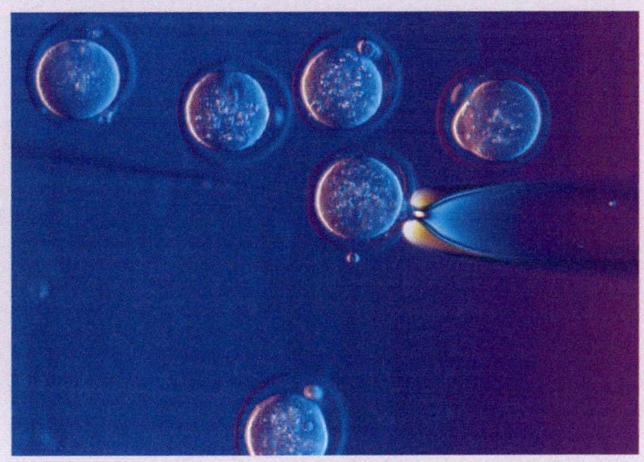

En lo referente a la manipulación genética, no todo lo técnicamente posible es moralmente bueno

Síntesis

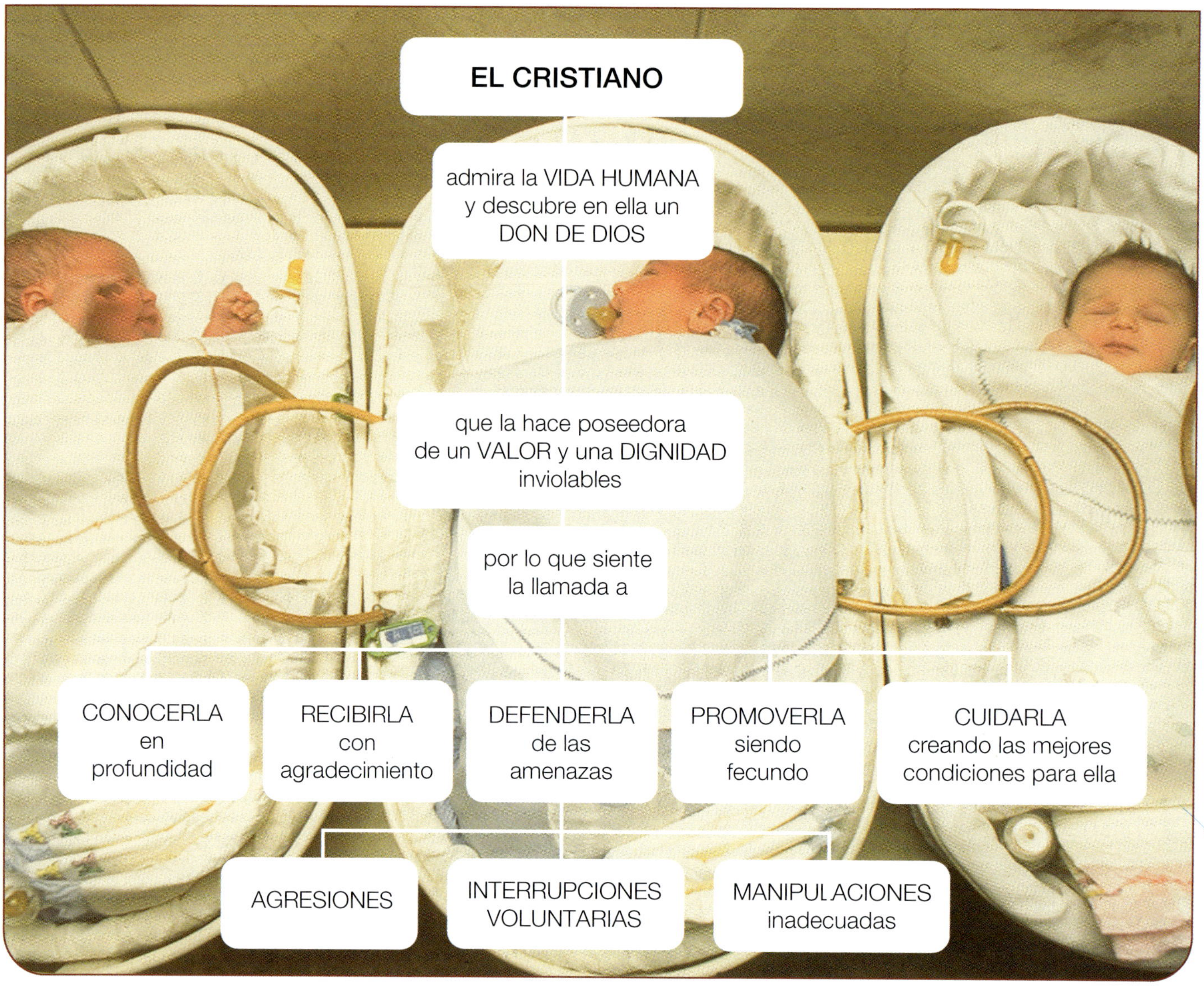

COMPRUEBA LO QUE SABES

Construye las frases correctamente y explica su contenido a partir de lo que hemos estudiado en esta unidad.

La conciencia de que la vida es algo muy valioso que hay que proteger	es una interrupción	ni de la de los demás.
La vida humana	no es dueña absoluta de su vida	de todos los hombres y mujeres.
El cristiano	es patrimonio común	y evitar moverse por intereses de otro tipo.
La persona	se siente agradecido y responsable	que no depende de las circunstancias en las que se desarrolle.
La guerra, el terrorismo y la violencia	deben estar al servicio de la promoción y del cuidado de la vida	contra la vida humana.
La eutanasia	tiene un valor en sí misma	ante el don de la vida.
La ciencia y la técnica	son agresiones	voluntaria de la vida.

1. Observa esta viñeta de Nando. Relaciónala con alguno de los contenidos que hemos estudiado en esta unidad y explícala.

– Mirando la imagen, ¿qué sentido tiene la expresión "la vida humana es un don"?

– ¿Qué situaciones destruyen esta imagen de la vida?

2. Completa la escalera respondiendo a las cuestiones que se plantean más abajo.

E	1										
L	2										
	3										
R	4										
E	5										
G	6										
A	7										
L	8										
O		**D**	**E**		**L**	**A**		**V**	**I**	**D**	**A**

1. La vida humana lo es. 2. Gracias a él existe la vida. 3. La persona no lo es de su vida. 4. Ley del ojo por ojo, contraria a la vida. 5. Principio más general ante las amenazas de la vida humana. 6. El cristiano recibe la vida con… 7. En cualquiera de sus formas es una agresión contra la vida. 8. Con ella comienza la vida humana.

3. Completa este texto del Compendio del Catecismo de la Iglesia Católica con las siguientes palabras.

dignidad, creador, relación, inocente, creadora, lícito, vida, respetada

La ______ humana ha de ser ________ porque es sagrada. Desde el comienzo supone la acción _______ de Dios y permanece para siempre en una ________ especial con el _______ , su único fin. A nadie le es ______ destruir directamente un ser humano _________ , porque es gravemente contrario a la __________ de la persona y a la santidad del creador.

Compendio CIC n.º 466

4. La canción *Gracias a la vida* se ha convertido en un himno a la vida. Fue compuesta en 1966 por la cantante chilena Violeta Parra.

– Lee la letra de la canción y, si tienes oportunidad, escúchala.

– Haz una lista de todo aquello por lo que se da gracias en la canción.

– ¿Qué sentimientos transmite? ¿Crees que hay personas que viven su vida dando gracias por todo lo que reciben?

Gracias a la vida, que me ha dado tanto.
Me dio dos luceros que, cuando los abro,
perfecto distingo el negro del blanco,
y en el alto cielo su fondo estrellado
y en las multitudes el hombre que yo amo.

Gracias a la vida, que me ha dado tanto.
Me ha dado el oído que, en todo su ancho,
graba noche y día grillos y canarios;
martillos, turbinas, ladridos, chubascos,
y la voz tan tierna de mi bien amado.

Gracias a la vida, que me ha dado tanto.
Me ha dado el sonido y el abecedario,
con él las palabras que pienso y declaro:
madre, amigo, hermano, y luz alumbrando
la ruta del alma del que estoy amando.

Gracias a la vida, que me ha dado tanto.
Me ha dado la marcha de mis pies cansados;
con ellos anduve ciudades y charcos,
playas y desiertos, montañas y llanos,
y la casa tuya, tu calle y tu patio.

Gracias a la vida, que me ha dado tanto.
Me dio el corazón que agita su marco
cuando miro el fruto del cerebro humano;
cuando miro el bueno tan lejos del malo,
cuando miro el fondo de tus ojos claros.

VIOLETA PARRA

en la red

www.vidahumana.org

Página en la que encontrarás abundante información sobre la defensa de la vida y la familia.

www.aciprensa.com

En el apartado *Vida* se presentan recursos para la defensa de la vida desde la concepción hasta la muerte natural.

La vida humana en nuestra sociedad

Para la inmensa mayoría de los seres humanos, la vida es el valor absoluto por excelencia. Sin embargo, no todas las acciones que realizamos parecen respetar la vida. Por eso es importante detenernos y preguntarnos: ¿qué valor tiene la vida humana en la sociedad en que vivimos?

Pobreza

En los países en desarrollo viven 1 300 millones de personas por debajo del umbral de pobreza. De ellos más de 100 millones viven en estas condiciones en los países industrializados, y 120 millones en Europa Oriental y Asia Central. Más de 1 000 millones de personas todavía luchan por sobrevivir con menos de un dólar diario.

Informe sobre desarrollo humano, ONU

Pena de muerte

A pesar de que existe una tendencia clara hacia su abolición en todo el mundo, siguen siendo muchos los países que continúan aplicando la pena de muerte.

Según los datos de que dispone Amnistía Internacional, durante 2004, más de 3 797 personas fueron ejecutadas en 25 países, y al menos 7 395 fueron condenadas a muerte en 64 países.

Informe sobre la pena de muerte, Amnistía Internacional

Violencia contra las mujeres

Una de cada tres mujeres del planeta ha sufrido abusos en algún momento de su vida a manos de agentes del Estado, miembros de su propia familia o conocidos.

La violencia en la familia es la primera causa de muerte y de minusvalía para muchas mujeres, por encima del cáncer y los accidentes de tráfico.

El 70 % de las mujeres asesinadas en el mundo lo son a manos de sus parejas o ex-parejas. En España, el número de mujeres asesinadas por violencia de género se acerca en los últimos años al centenar.

Datos del *Instituto de la Mujer*, Ministerio de trabajo y asuntos sociales

Conflictos armados

Cada día, millones de hombres, mujeres, niñas y niños viven bajo la amenaza de la violencia armada. Cada minuto uno de ellos muere asesinado.

Una cantidad estimada de 300 000 menores de edad participan actualmente en conflictos armados en más de 30 países. Aunque la mayoría de los niños soldado son adolescentes, los hay desde siete años de edad.

Drogas

La Fundación de Ayuda contra la Drogadicción (FAD) ha constatado un rebrote de determinadas enfermedades mentales ligadas al consumo de drogas, como la esquizofrenia y el trastorno bipolar. La heroína continúa siendo la droga amenazadora por antonomasia, seguida de la cocaína y el éxtasis.

En España, el consumo de drogas y de alcohol ocasionan más de 20 000 muertes prematuras cada año. En la actualidad existe un incremento del consumo de sustancias psicoactivas entre los más jóvenes y una disminución de la percepción del riesgo entre la población española.

Datos de la *Fundación de Ayuda contra la Drogadicción*

El hambre

La Organización de las Naciones Unidas para la Agricultura y la Alimentación (FAO) sostiene que el progreso en la reducción del hambre se ha detenido. Las cifras de hambre en el mundo han vuelto a aumentar. El 15 % de la población mundial padece hambre crónica. La FAO calcula que seis millones de niños menores de cinco años mueren anualmente por causa de la desnutrición. 150 millones de niños menores de cinco años, el 26,7 % del total en esa franja de edad, sufren bajo peso. Todavía hay en el mundo 1100 millones de personas sin agua potable.

Informe de la *Organización de las Naciones Unidas para la Agricultura y la Alimentación*

Médicos Sin Fronteras

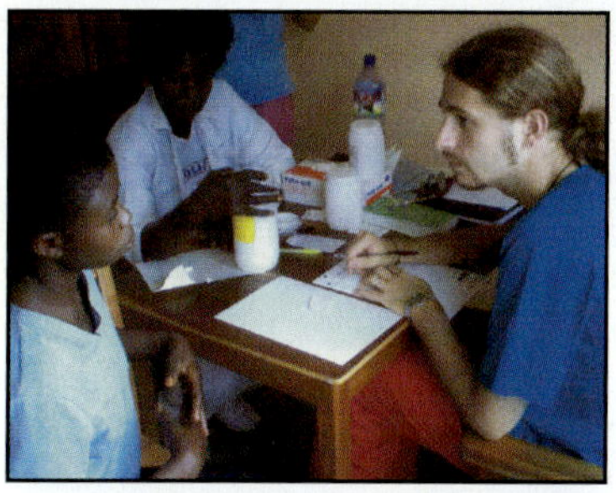

Es una organización humanitaria internacional de acción médica, en marcha desde 1971, que aporta su ayuda a poblaciones en situación precaria y a víctimas de catástrofes de origen natural o humano y de conflictos armados, sin ninguna discriminación por raza, religión o ideología política. En 1999 recibió el Premio Nobel de la Paz. Su objetivo es asistir a poblaciones a las que nadie puede o quiere llegar. MSF entra en acción ante situaciones que ponen en peligro la salud o la supervivencia de poblaciones que se encuentran desatendidas:

- *Conflictos armados, desplazamientos de población y catástrofes naturales.* Intervenciones de emergencia y a corto plazo destinadas a paliar el deterioro brusco de las condiciones médico-humanitarias de las poblaciones.
- *Epidemias, hambrunas y enfermedades olvidadas.* Intervenciones de emergencia y proyectos estables enfocados a proporcionar atención médica en casos de cólera, sarampión, desnutrición, sida, malaria, tuberculosis, etc.
- *Situaciones de exclusión.* Intervenciones orientadas a prestar asistencia médico-humanitaria a poblaciones deliberadamente excluidas de los servicios básicos: inmigrantes en situación irregular, minorías étnicas o colectivos marginados.

Manos Unidas

Es una organización no gubernamental para el desarrollo (ONGD), católica, de voluntarios, que desde 1960 lucha contra la pobreza, el hambre, la malnutrición, la enfermedad, la falta de instrucción, el subdesarrollo y contra sus causas.

Para conseguir un mundo más justo y solidario, Manos Unidas trabaja en dos líneas fundamentales de acción:

- *Educación para el desarrollo.* La educación para el desarrollo pretende influir en dos grandes focos donde residen las causas de la injusticia: nuestros comportamientos individuales basados en valores y actitudes contrarios a la solidaridad y el comportamiento de las instituciones que conforman las estructuras injustas que generan pobreza y exclusión.
- *Financiación de proyectos.* Financian proyectos de desarrollo en Asia, África, América Latina y Oceanía. Estos proyectos están elaborados por las personas del Tercer Mundo que solicitan la colaboración de Manos Unidas y tienen como objetivo mejorar las condiciones de vida para que puedan llegar a ser autosuficientes.

Proyecto Hombre

Proyecto Hombre es un programa educativo-terapéutico para el tratamiento y prevención de las drogodependencias que nació en España en 1984. Trabaja tres aspectos fundamentales: la prevención del consumo de drogas, la rehabilitación y la reinserción del drogodependiente en todas las áreas de la sociedad.

La asociación Proyecto Hombre está integrada por 26 centros, en un total de 15 comunidades autónomas de toda España, que atienden cada año a más de 12 000 drogodependientes. El programa de Proyecto Hombre tiene como objetivo que la persona recupere su autonomía, su sentido de la responsabilidad y su capacidad para tomar decisiones y volver a ser un miembro activo de la sociedad.

Cuestiones para el debate

Después de leer este dossier te planteamos algunas cuestiones para el debate con tus compañeros:

1.ª En la tierra no hay sitio para más habitantes. Es necesario frenar el crecimiento de la población.

2.ª ¿Con cuál de estas afirmaciones estás más de acuerdo: *La guerra es a todas luces inmoral* o *La guerra es un mal menor necesario para mantener el orden en el mundo.*

3.ª ¿Es posible ser feliz en este mundo dedicándose a defender la vida de los más necesitados?

PAU
LUS
PET
RUS

9

La vida de los primeros cristianos

SER CRISTIANO ES ACOGER LA BUENA NOTICIA DE JESÚS Y CAMBIAR DE VIDA. TRAS LA MUERTE Y LA RESURRECCIÓN DE JESÚS, LOS CRISTIANOS LLEVARON SU MENSAJE HASTA LOS CONFINES DEL IMPERIO ROMANO. EN UNA SOCIEDAD QUE NO LES COMPRENDÍA, SUFRIERON A MENUDO PERSECUCIÓN Y MARTIRIO.

Sabías que ...

- El apóstol Pedro, según la tradición, murió crucificado, y que otros muchos cristianos sufrieron martirio.
- Los primeros cristianos se negaban por sus creencias a realizar el servicio militar en época del Imperio romano.
- Los primeros cristianos enterraban a sus muertos en vez de incinerarlos como era la costumbre de la época.

Para dialogar

- La imagen que abre este tema representa a san Pablo y a san Pedro. ¿Qué sabes de estos dos personajes?
- La imagen superior de esta página representa a un pastor. ¿De quién crees que se trata? ¿Conoces otros símbolos que utilizaran los primeros cristianos?
- Las otras dos imágenes están relacionadas con los mártires y las catacumbas. ¿Qué sabes de estos lugares y de aquellas personas?

Lo que vamos a estudiar

→ La vida de las primeras comunidades cristianas.

→ La primera expansión del cristianismo.

→ La tensa relación del cristianismo con las autoridades romanas.

→ La expansión del cristianismo por el Mediterráneo hasta la Península Ibérica.

Pedro y Pablo, Capilla Palatina, Palermo; *Buen Pastor,* Catacumba de santa Priscila; *Mártires,* Mosaico de Rávena; *Cripta de los Papas,* Catacumba de San Calixto, Roma

1. La vida de las primeras comunidades

Unidos en la vida y en la fe

¿Cómo era la vida cotidiana de las primeras comunidades cristianas?

1 En el libro *Hechos de los Apóstoles* encontramos pequeñas descripciones, a veces idealizadas, de la vida de los primeros cristianos.

- Copia en tu cuaderno este cuadro.
- Lee estos tres relatos: *Hch 2,42-47; 4,32-35; 5,12-16.* Clasifica en las tres columnas de este cuadro, todas las conductas que se describen en los textos.
- ¿Cómo era la vida de los primeros cristianos?

	COMUNIÓN Relación entre los hermanos	**ORACIÓN** Relación con Dios	**MISIÓN** Relación con otras personas
Hch 2,42-47			
Hch 4,32-35			
Hch 5,12-16			

2 Conforme el número de cristianos fue creciendo, se hizo necesario encargar muchas de las responsabilidades a otras personas. Es el caso que se narra en el texto de *Hch 6,1-6.* Después de leerlo, contesta a las siguientes preguntas.

- ¿Cuál es el problema que plantean los helenistas? (judíos de lengua griega que procedían de ciudades de fuera de Palestina).
- ¿Cómo reaccionan los apóstoles? ¿Cuál es el servicio que ellos no quieren dejar porque lo consideran el más importante?
- ¿Para qué servicio buscan a estas personas? ¿Cómo las eligen? ¿Qué gesto o rito utilizan?

3 Fíjate en las viñetas de esta página. El dibujante actualiza en ellas algunos de los pasajes narrados en el libro *Hechos de los Apóstoles* sobre los primeros cristianos.

- En tu opinión, ¿en qué se asemejan la comunidad cristiana de hoy y la de los primeros siglos? ¿Cómo crees que debiera ser hoy la vida de la comunidad cristiana? ¿Qué viñeta dibujarías tú?

José Luis Cortés, *Tus amigos no te olvidan.* Madrid, PPC

Una nueva vida en comunidad

Los relatos sobre la vida de los primeros cristianos los encontramos principalmente en Hechos de los Apóstoles. En ellos vemos cuál era el espíritu que animaba a los primeros cristianos. Estos son sus principales rasgos distintivos:

- Dentro del grupo: comunión (común-unión). Esta es fruto de la fe en Jesús: viven unidos y comparten sus bienes.
- En su relación con Dios: oración y celebración, especialmente la celebración de la eucaristía.
- En su relación con los demás: la misión, anunciar a la persona de Jesús y su mensaje.

Al servicio de los hermanos

Al principio, todas las responsabilidades recayeron sobre los doce apóstoles. Al crecer las comunidades se fueron nombrando otras personas que asumieran determinadas responsabilidades. Estas se denominaron ministerios, palabra latina que significa precisamente "servicio". Los dos principales servicios o ministerios que necesitaba la comunidad eran:

– El ministerio de la palabra, es decir, de la predicación del evangelio.

– El ministerio de presidir la comunidad y de servirla en sus necesidades espirituales y materiales.

Además de estos dos ministerios, en las comunidades existía gran variedad de servicios (encargados de recoger las colectas, enviados especiales para predicar en determinados lugares, profetas, doctores, etc.). Estos servicios no eran los mismos en todas las comunidades.

Al final del siglo I parece que se van definiendo tres ministerios más estructurados: el episcopado, el presbiterado y el diaconado.

Dentro de los apóstoles, a Pedro se le reconoce desde el principio un lugar preeminente. Es él quien asume la representación de la Iglesia.

Masaccio, *San Pedro en Jerusalén*

Desde el principio, a Pedro se le reconoce un lugar preeminente

Abierta a todos los pueblos

Cuando comenzaron a convertirse al cristianismo personas que no procedían del judaísmo, se planteó un problema: ¿se debía obligar a los recién convertidos del paganismo a que se sometieran a las leyes judías como, por ejemplo, a la circuncisión?

Los cristianos de Jerusalén, de origen judío, eran partidarios de ello. Pablo y Bernabé, que habían evangelizado tierras paganas, defendían la independencia del cristianismo frente al judaísmo.

En la Asamblea de Jerusalén, considerada como el primer concilio de la historia, la Iglesia llegó a conclusiones importantes:

– Lo que realmente importa no es cumplir normas y leyes, sino la fe en Jesús, el único que salva.

– La salvación es para todos los pueblos de la tierra y no solo para el pueblo judío.

Con todo, estas decisiones acarrearon problemas con el poder religioso judío, que no veía con buenos ojos la nueva doctrina de los cristianos. Por ello, los apóstoles sufrieron persecución y, en algunos casos, como el de Esteban, el martirio.

2. Primera expansión del cristianismo

De Jerusalén a Roma

La primera expansión del cristianismo tiene lugar dentro de las fronteras del Imperio romano.

1 Este mapa contiene las tres grandes etapas de la expansión de la Iglesia durante el siglo I. En los recuadros situados a la derecha del mapa encontrarás: los lugares y fechas de expansión; las citas del libro de *Hechos* donde se narran esos sucesos; finalmente, unos pequeños titulares que recogen los hechos más significativos.

– Observa el mapa y consulta el libro de *Hechos*. Después, con la información obtenida, elabora una breve crónica de la expansión del cristianismo durante el siglo I.

La Iglesia en Jerusalén (años 30-31)
(*Hch 1,12-5,42*)
La primera comunidad
Pentecostés
Los apóstoles

De Jerusalén a Antioquía (años 36-43)
(*Hch 6,1-12,25*)
Persecución
Muerte de Esteban
Evangelización de Samaría
Misión a los paganos
Evangelización de Antioquía

De Antioquía a Roma (años 43-61)
(*Hch 13,1-28,31*)
Evangelización de Chipre
Evangelización de Asia Menor
Evangelización de Grecia
El camino hasta Roma

2 Uno de los principales protagonistas de la expansión fue el apóstol Pablo. En el libro de *Hechos* y en las cartas, hay suficientes datos para trazar un perfil de su personalidad.

– Lee estas citas: *Hch 8,1-3; Hch 22,3-4; Hch 26,1-4; Flp 3,5-10*, y elabora una breve biografía del personaje. Te servirá también el texto de este recuadro.

Su verdadero nombre era Saulo. Fue ciudadano romano, por haber nacido en Tarso, capital de la provincia romana de Cilicia. Era judío por familia y por educación, discípulo del rabino Gamaliel. Buen conocedor de la cultura griega. Estricto cumplidor de la ley judía, fariseo fanático e intolerante, persiguió a los cristianos.

Tras su conversión al cristianismo, se consideró apóstol y predicó a Jesús incansablemente en sus continuos viajes. Fue llevado prisionero a Roma y allí murió decapitado, según la tradición, entre los años 64 y 68. Es autor de varias cartas del Nuevo Testamento escritas a las comunidades cristianas. Se le representa con una espada y un libro en la mano por su ardor evangelizador.

Biblia didáctica. Madrid, SM/PPC

REMBRANDT, *El apóstol Pablo*

❸ La llamada que Jesús hace a Pablo tiene una respuesta inmediata. A partir de ese momento, su principal actividad será predicar el mensaje de Jesús. Analiza uno de estos viajes misioneros de Pablo.

- Lee en *Hch 15,30-18,22* el texto que narra el segundo viaje de Pablo. Dibuja en tu cuaderno un mapa similar a este y marca en él la ruta seguida por Pablo.
- Copia un cuadro como el que tienes al lado y complétalo indicando lo que sucede en esas ciudades.
- Busca en el índice de la Biblia los nombres de las cartas escritas por Pablo a las comunidades cristianas y localiza algunas de estas comunidades en el mapa.
- Indica el nombre de algunas personas que se incorporan a la comunidad de cristianos.

Antioquía	Comienza su viaje y se separa de Bernabé
Filipos	
Tesalónica	
Berea	
Atenas	
Corinto	

El siglo I, de Jerusalén a Roma

Las comunidades cristianas no se cerraron sobre sí mismas, sino que se abrieron a los demás. Los cristianos eran conscientes de que el evangelio había que propagarlo. Por eso elegían a algunos miembros de la comunidad, les imponían las manos y los enviaban a otros lugares.

Entre los misioneros más notables de los que nos habla el libro de Hechos están Pablo, Bernabé, Juan Marcos, Apolo, Priscila, etc., pero fueron muchos más los que caminaron de ciudad en ciudad fundando comunidades y atendiendo a las que ya existían.

Los misioneros provenían de la religión judía y, como judíos, acudían a las sinagogas para anunciar el evangelio y apoyar su predicación en lo que decían los profetas.

El primer núcleo cristiano tuvo su centro en Jerusalén. Después, debido principalmente a las persecuciones que sufrieron a raíz del caso de Esteban, llegaron a Fenicia, Chipre y, sobre todo, a Antioquía, donde se formó una importante y activa comunidad cristiana. En esta ciudad fue donde se empezó a llamar cristianos a los discípulos de Jesús.

La acción de Pablo y Bernabé, entre otros, hizo que el cristianismo se extendiera por toda Asia Menor y las ciudades griegas. La carta de san Pablo a los Romanos hace suponer que en la capital del Imperio había una importante e influyente comunidad cristiana, al frente de la cual probablemente estuviera, durante algún tiempo, el apóstol Pedro.

en la red

www.aciprensa.com/Biblia/sanpablo.htm

Artículo en el que se habla de la autoría de las cartas paulinas a las primeras comunidades.

3. Época de persecuciones

Semilla de nuevos cristianos

Las autoridades del Imperio romano no aceptaron el cristianismo y, en ocasiones, persiguieron con dureza a los cristianos.

1 ¿A qué hecho hace referencia este texto del historiador Tácito?

– Sirviéndote de una enciclopedia, libro o internet investiga sobre las persecuciones de los primeros siglos del cristianismo ocurridas entre mediados del siglo I y comienzos del siglo IV.

Además de matarles -a los cristianos- se les hizo servir de entretenimiento para el pueblo. Se les vistió con pieles de bestias para que los perros los mataran a dentelladas. Otros fueron crucificados. Y a otros se les prendió fuego al caer la noche, para que la iluminaran. Nerón hizo que se abrieran sus jardines para esta exhibición y, en el circo, él mismo ofreció un espectáculo, pues se mezclaba con las gentes disfrazado de conductor de auriga, o daba vueltas en su carroza.

TÁCITO, *Anales* 15,44

2 Observa detenidamente estos cómics de José Luis Cortés. Lee también con atención los dos textos que te presentamos. En ellos se narra cómo vivían los cristianos en el Imperio.

– Redacta una lista de características que se señalan de ellos.

– Según estos textos, ¿cómo eran tratados y cómo reaccionaban ante ese trato?

Los cristianos no se distinguen de los demás ni por su tierra ni por su habla ni por sus costumbres. A todos aman y por todos son perseguidos. Se les desconoce y se les condena. Se les mata y en ello se les da la vida. Por los judíos se les combate como a extranjeros; por los griegos son perseguidos y, sin embargo, los mismos que los aborrecen no saben decir el motivo de su odio.

"Carta a Diogneto", en RUIZ BUENO, *Padres apostólicos*. Madrid, BAC

Los cristianos, gente crédula e ingenua

Estos desgraciados están convencidos ante todo de que son inmortales y de que van a vivir eternamente. Por tanto, desprecian la muerte, que muchos afrontan voluntariamente. Por eso desprecian todos los bienes y los tienen para su uso en común. Si surge entre ellos un hábil impostor que sepa aprovecharse de la situación podrá enriquecerse muy pronto dirigiendo a su gusto a esos hombres que no entienden absolutamente nada.

LUCIANO, *La muerte de Peregrinus*

Un entorno hostil para los cristianos

Los cristianos, como los judíos, nunca aceptaron la práctica, introducida por Augusto, de tratar al emperador como a un dios.

Esta fue una de las principales razones del conflicto y el motivo de las persecuciones, ya que muchos emperadores imponían su religión precisamente para mantener la unidad del Imperio.

Las persecuciones más violentas tuvieron lugar en la segunda mitad del siglo III, coincidiendo con la decadencia del Imperio. Las últimas persecuciones generales tuvieron lugar a comienzos del siglo IV, con Diocleciano.

En general, la sociedad romana veía a los cristianos como seres extraños y un poco aislados. Les acusaban de ateos porque ni adoraban a los dioses romanos ni tenían templos.

Escenas del circo romano

Los intelectuales les despreciaban porque consideraban la nueva religión como absurda y contraria a la razón. Incluso se les acusaba de ser malos ciudadanos por despreciar determinadas costumbres del Imperio como, por ejemplo, la participación en juegos violentos o el servicio militar.

Las persecuciones

Aunque a lo largo de los primeros siglos, la comunidad cristiana experimentó momentos de tolerancia y paz en los que pudo organizarse y expandirse, también sufrió intermitentes oleadas de persecuciones que pretendieron hacerla desaparecer.

Aunque es difícil precisar el número de ellas, la historia recoge diez grandes persecuciones, desde la de Nerón (años 64-68) hasta la de Diocleciano (años 284-305). Los castigos infligidos a los cristianos consistían, principalmente, en la expropiación de bienes, la prisión, el destierro, los trabajos forzados, las torturas y, en muchos casos, la muerte. Muchos cristianos prefirieron entregar su vida antes que renunciar a sus creencias. Se les llamó "mártires", palabra griega que significa testigos.

Catacumbas de san Calixto (Roma)

Las persecuciones no lograron acabar con el cristianismo. Más bien al contrario, "la sangre de los mártires se transformó en semilla de nuevos cristianos".

Las catacumbas, una Iglesia bajo tierra

Los cristianos acostumbraban a enterrar a sus muertos y no practicaban la incineración. Las sepulturas se realizaban en grandes cementerios subterráneos, las catacumbas.

Las catacumbas llegaron a ser complejos laberintos de varias alturas. En un principio eran solo cementerios, pero con el tiempo se convirtieron en lugares de peregrinación y de culto, pues allí estaban enterrados muchos mártires. Durante las persecuciones sirvieron, en casos excepcionales, como lugar de refugio momentáneo y para la celebración de la eucaristía.

VOCABULARIO

Mártir. Persona que muere o padece sufrimientos en defensa de sus creencias, especialmente si estas son religiosas.

Catacumbas. Galerías subterráneas en las que los primitivos cristianos enterraban a sus muertos y practicaban ceremonias de culto.

4. El cristianismo llega a la Península Ibérica

En el Imperio romano

El mensaje cristiano se expandió rápidamente por todos los territorios del Imperio.

1 Observa el mapa de la expansión del cristianismo a comienzos del siglo IV.

– ¿En qué zonas el cristianismo se hizo más presente a lo largo de los primeros siglos?

– Investiga qué país o países ocupan hoy esa zona y qué religión se profesa en los mismos. ¿Podrías ampliar tu investigación y explicar, a grandes rasgos, la evolución histórica que se ha producido en esos países?

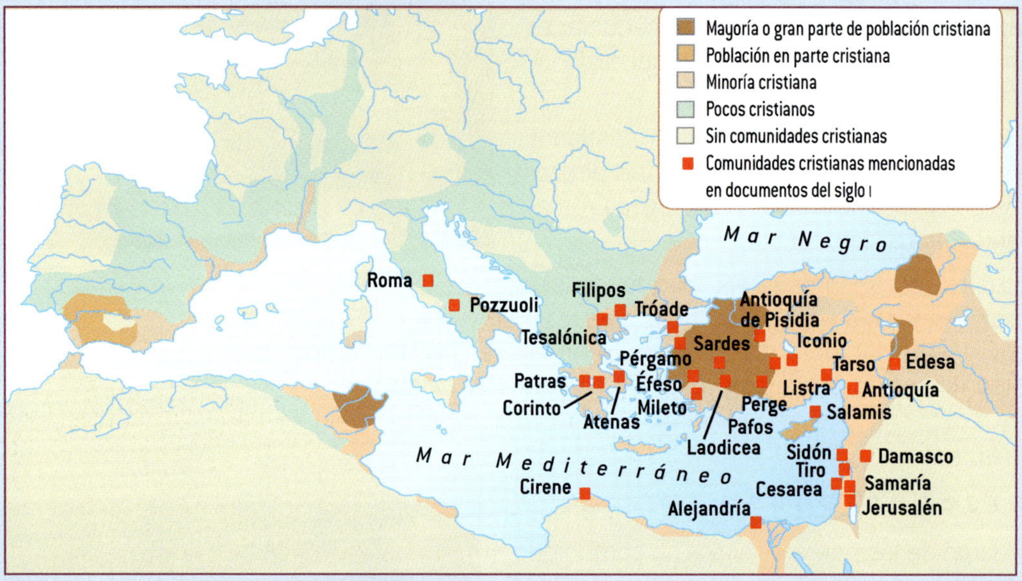

2 El mapa de la Península Ibérica recoge las provincias y principales ciudades de la época del Bajo Imperio romano, en torno al siglo IV. El documento incluye algunas de las comunidades cristianas que asistieron al concilio celebrado en la ciudad de Elvira (Granada), a comienzos del siglo IV.

– Localiza en el mapa dónde están situadas esas ciudades. ¿En qué provincia romana estaba más presente el cristianismo a comienzos del siglo IV? ¿A qué comunidad autónoma actual corresponde esa región?

Corduba (Córdoba),
Hispalis (Sevilla),
Castullo (cerca de Linares, en Jaén),
Illiberris (Granada),
Emerita Augusta (Mérida),
Caesar Augusta (Zaragoza),
Legio (León),
Toletum (Toledo),
Ossonoba (sur de Portugal),
Malaca (Málaga),
Astigi (Écija, Sevilla),
Singilia Barba (provincia de Málaga),
Carhtago Nova (Cartagena, en Murcia).

Atlas histórico. Madrid, Ediciones SM

El cristianismo en el Imperio romano

Hacia el año 300, el cristianismo está prácticamente extendido por las zonas más pobladas del Imperio, en torno al Mediterráneo.

Los lugares de más presencia cristiana se encuentran en Oriente: Asia Menor, Siria, centro de Turquía, Palestina y Egipto. En Occidente, la evangelización es más lenta. Hay comunidades cristianas en el centro de Italia, sur de España y norte de África.

Al principio, la difusión del cristianismo fue impulsada por predicadores itinerantes que daban a conocer el evangelio en sinagogas, calles y plazas.

Prisión Mamertina (Roma)

Según la tradición, en ella estuvo prisionero el apóstol Pedro antes de su martirio

A partir del siglo III fueron las propias comunidades cristianas las que, con su modo de comportarse y vivir el evangelio, daban testimonio de su fe y lograban atraer nuevos adeptos a la fe cristiana.

No podemos crecer solos

El cristianismo llegó a la Península Ibérica principalmente desde Roma y el norte de África. Colonos, viajeros, soldados y mercaderes trajeron el mensaje del evangelio.

Es difícil señalar una fecha para el comienzo de la Iglesia en Hispania. El primer documento histórico sobre la presencia de comunidades cristianas perfectamente organizadas es del año 254. Se trata de una carta que Cipriano de Cartago dirige a la Iglesia de León-Astorga. Por eso podemos datar la llegada del cristianismo a la Península a comienzos del siglo II.

En el siglo III el cristianismo ya estaba instalado y organizado en la Península Ibérica. De hecho, durante las persecuciones de Valeriano y Diocleciano, hubo mártires en Zaragoza, Barcelona, Mérida, Sevilla y otras localidades. Sabemos también que se celebraron sínodos y concilios. El primero del que tenemos conocimiento se celebró en Elvira (Granada, año 300-302), seguido del de Zaragoza (año 380) y Toledo (año 400).

San Pedro enseñando a los neófitos

Sarcófago de la Trinidad, siglo IV (Roma)

La vida interna de la Iglesia

La vida de cada iglesia local se organizaba en torno al obispo, asistido por un grupo de presbíteros y de diáconos. El culto se celebraba en las casas, pero a partir del siglo II, algunas casas se convirtieron exclusivamente en lugares de culto. Las basílicas se comenzaron a construir en el siglo IV.

El bautismo es el rito más importante por el que alguien entra a formar parte de la comunidad de los cristianos. Solo se impartía a los adultos. La preparación podía durar varios meses o incluso años, y se celebraba la noche de pascua. Todos los domingos, los cristianos celebraban la resurrección en la eucaristía, cuya primera parte consistía siempre en la lectura de la Biblia y su explicación.

Cuando surgía algún problema nuevo que había que resolver, los obispos se reunían en concilios que solían ser regionales. Entre los obispos, el de Roma gozaba de una especial consideración, por ser el sucesor de Pedro.

en la red

www.enciclopediacatolica.com/c/concilioelvira.htm

En esta página podrás encontrar información sobre el primer concilio celebrado en España, el concilio de Elvira.

Síntesis

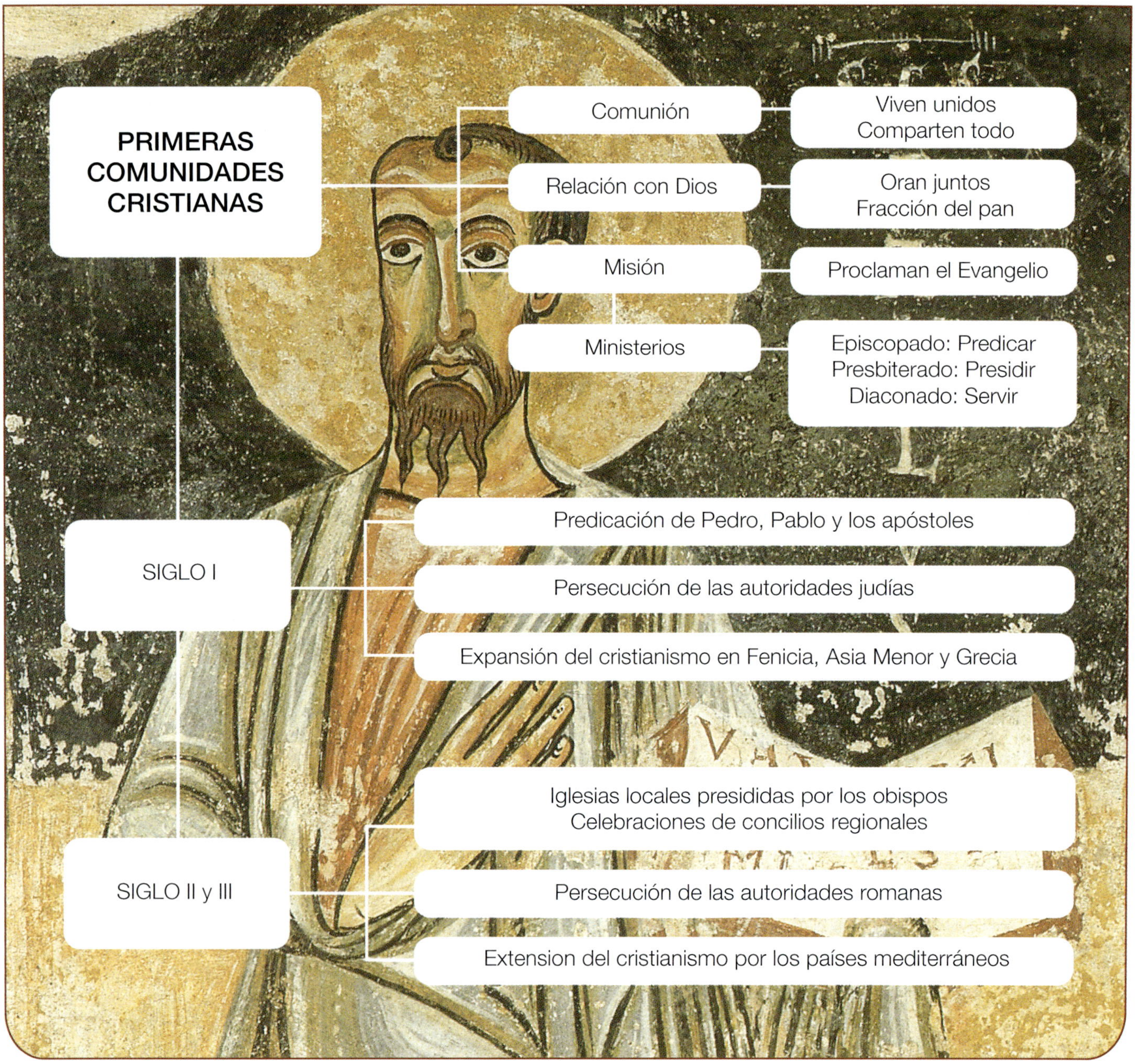

COMPRUEBA LO QUE SABES

1. Comprueba lo que sabes respondiendo sintéticamente a estas preguntas cortas:

a) *¿En qué ciudad surgió la primera comunidad cristiana?*

b) *¿A quién se reconoce como la primera autoridad de la Iglesia?*

c) *¿Qué se debatió en el Concilio de Jerusalén?*

d) *¿Quién fue el primer mártir cristiano?*

e) *¿Qué libro describe la vida de las primeras comunidades cristianas?*

f) *¿Qué significa en griego la palabra "mártir"?*

2. Según lo estudiado, ¿en qué siglo suceden los siguientes acontecimientos?

	siglo
1. Concilio de Jerusalén	
2. Persecución de Nerón	
3. Concilio de Elvira	
4. Construcción de las primeras iglesias para el culto	
5. Martirio de san Pablo	

1. Lee el siguiente texto: *Hch 15,1–29.*

– ¿Sabes lo que significa la palabra "concilio"?

– Nombra a los personajes que intervienen en la asamblea de Jerusalén.

– Relaciona la viñeta del dibujante Nando con lo que has leído en el texto de los Hechos de los Apóstoles.

NANDO y DEMETRIO, *Historia de la Iglesia.* Paulinas, Madrid

2. Los romanos escribían sonoros epitafios en sus tumbas pues creían que, si la gente leía estas frases funerarias, eternizaban su memoria. Sin embargo, los cristianos ponían su confianza en Jesús, el salvador.

Lee y compara estas frases. ¿Qué diferencias encuentras entre ellas?

- **Epitafios cristianos aparecidos en las catacumbas:**

"La fe me condujo por todas partes, ella me sirvió como alimento de un Pez de fuente, muy grande, muy puro, pescado por una santa Virgen y regalado a los amigos".

Epitafio de ABERCIO

"Recibe el alimento, dulce como la miel, del Salvador de los Santos; come con avidez, teniendo el Pez en tus manos".

Epitafio de PECTORIO

- **Epitafios de ciudadanos romanos:**

– "Yo por mi parte nunca seguí los consejos de un filósofo".

Epitafio de la necrópolis de Roma

– "Tú, viandante, que pasas por aquí, detente y lee esto en voz alta, porque así estaré vivo".

Lápida romana de la necrópolis de Córdoba

3. Completa el siguiente texto del Compendio del Catecismo de la Iglesia Católica con las palabras que aparecen a continuación:

apóstoles, cristianismo, tradición, predicación, obispos, generaciones

> La ________ apostólica es la transmisión del mensaje de Cristo llevada a cabo desde los comienzos del ______________, mediante la ______________, el testimonio, las instituciones, el culto, y los escritos inspirados. Los ______________ transmitieron a sus sucesores, los ___________, y a través de estos a todas las ______________ hasta el fin de los tiempos, todo lo que habían recibido de Cristo y aprendido del Espíritu Santo.
>
> (Compendio CIC. 12)

4. Observa la siguiente viñeta y comenta la cita que aparece debajo:

– Busca información y elabora un dossier sobre los mártires de las persecuciones romanas. ¿Crees que todavía se persigue a las personas por sus creencias? ¿Conoces algún ejemplo?

NANDO y DEMETRIO, *Historia de la Iglesia* Paulinas, Madrid

"La sangre de los mártires es semilla de nuevos cristianos".

en la red

www.catacombe.roma.it

Página oficial de la Comisión Pontificia de Arqueología, en la que se presenta la historia de las catacumbas y su proceso de recuperación arqueológica.

Paleocristiano: El arte de una Iglesia naciente

Las primeras expresiones artísticas del cristianismo surgen en el siglo III a imitación de la ornamentación y la arquitectura romana. Se trata de un arte sencillo lleno de símbolos que evocan las creencias de estas primeras comunidades cristianas.

La primera pintura cristiana

El primer arte pictórico cristiano nace a principios del siglo III en las catacumbas. Son pinturas sencillas y simbólicas que quieren sintetizar experiencias de fe. El carácter doméstico del cristianismo invitaba a imitar la decoración de las casas romanas. Por primera vez unos pintores y dibujantes desconocidos empezaban a dejarse inspirar por acontecimientos sagrados.

Estos primeros artistas pintan símbolos naturales a los que se les daba una interpretación cristiana.

El *pez*, por ejemplo, surge como una sutileza semántica, pues la palabra griega ICHTHYS (Iesous Christos Theou Yios Soter), con sus letras puestas en acróstico, son las iniciales de las palabras "Jesús, Cristo, Hijo de Dios, Salvador".

Otras imágenes y símbolos que se repiten con frecuencia en las catacumbas son:

- El *buen pastor*, representa a Jesucristo Salvador, que vela por sus ovejas.
- El *crismón*, formado por las dos primeras letras griegas, XP, del nombre de Cristo.
- La *paloma*, símbolo del alma que sube hasta Dios.
- El *pan y el cáliz*, símbolos de la última cena y de la fracción del pan.
- El *ancla*, con forma de cruz, que simboliza la salvación.
- El *pavo real*, o la figura de *Lázaro*, que evocan la resurrección.
- El *orante*, representación de un hombre o una mujer con los brazos en alto, símbolo de los que elevan su plegaria a Dios.

Curiosamente, durante los cuatro primeros siglos, nunca se representan escenas de la pasión de Jesús, aunque sí algunos pasajes del Nuevo Testamento como *la samaritana*, *las bodas de Caná* o el *banquete eucarístico*. También utilizan simbología pagana como el *filósofo*, figura que representa a Jesús, camino y verdad.

Los tres jóvenes en el horno de Nabucodonosor Catacumba de Santa Priscila (Roma)

El buen pastor con la oveja sobre sus hombros representa a Cristo salvador y al alma que ha salvado

Las letras de la palabra "pez" en griego forman un acróstico: "Iesus Xristós Zeú Yiós, Sotér" (Jesús Cristo Hijo de Dios Salvador). Es un símbolo muy difundido de Cristo, emblema y compendio de la fe cristiana

La primera arquitectura cristiana

Las primeras comunidades cristianas nacen y crecen en las grandes ciudades de la época. Las casas de los cristianos son iguales a las de sus vecinos. Sabemos, por el libro de los Hechos de los Apóstoles y por otros escritos de los primeros siglos de cristianismo, que los creyentes se reunían en sus casas para la fracción del pan y que bautizaban a los nuevos miembros en la orilla de algún río o junto a alguna fuente.

Capilla de san Máximo, datada en el año 250 d. C.

Existen testimonios escritos y arqueológicos de que en el siglo III los cristianos dedicaban algunas casas a la reunión de la asamblea, *ekklesia* en griego, y a la acción de gracias, eucaristía; un ejemplo de ello es la llamada Dura Europos, una casa situada en el desierto de Siria, en la que ha aparecido una capilla con simbología cristiana y un baptisterio. Muy a principios del siglo IV (año 303) el emperador Diocleciano manda en un edicto "destruir las iglesias", lo que indica que en el siglo III ya existían casas dedicadas al culto cristiano.

Las basílicas eran lugares donde se reunía toda la asamblea para la lectura de la Biblia y para la fracción del pan. Eran edificios amplios y funcionales, su arquitectura era similar a los edificios civiles romanos.Después del edicto del Constantino en el año 313, se construyen numerosas basílicas por todo el Imperio, manteniendo una arquitectura sencilla, sobre todo en el exterior del edificio y una decoración interior rica en mosaicos y elementos ornamentales.

Escultura paleocristiana

No se conocen esculturas cristianas anteriores al siglo III. Las primeras esculturas son bajorrelieves en monumentos funerarios. La pintura mural estaba muy desarrollada cuando apareció la escultura. La obra escultórica de los sarcófagos estaba realizada por talleres que trabajaban para todas las religiones, de ahí que en algunos sarcófagos cristianos ilustrados con la figura del buen pastor o de la vendimia, aparezcan figuras paganas como dioses romanos.

Conforme avanza esta especialidad artística, las representaciones de pasajes del Antiguo y del Nuevo Testamento se repiten en el trabajo en piedra de los sarcófagos.

Arresto de san Pablo,
Sarcófago de Junio Basso

Cuestiones para el debate

1.ª ¿Qué opinas de la siguiente afirmación: "El cristianismo ha llegado a ser lo que es por el testimonio de quienes lo profesan"?

2.ª ¿Quiénes tienen más razón, los que afirman que convertir el cristianismo en religión oficial del Imperio romano fue positivo o los que sostienen que desvirtuó la religión cristiana?

3.ª ¿Con que afirmación estás más de acuerdo: *El cristianismo del siglo XXI ha perdido la autenticidad del primer cristianismo* o *El cristianismo del siglo XXI es el mismo que el de los primeros cristianos, pero vivido en circunstancias diferentes*?

10

Ante todo, esperanza

SABEMOS POR EXPERIENCIA QUE LAS PERSONAS NACEN, CRECEN, ENVEJECEN Y MUEREN. TODOS QUEREMOS CONOCER EL DESENLACE DE ESTA HISTORIA DE LA QUE SOMOS PROTAGONISTAS. ANTE LA REALIDAD INELUDIBLE DE LA MUERTE, LOS CRISTIANOS SE DIRIGEN A JESÚS Y A MARÍA, SU MADRE, BUSCANDO UNA RESPUESTA.

Sabías que ...

- LAS TRES GRANDES RELIGIONES MONOTEÍSTAS, JUDAÍSMO, CRISTIANISMO E ISLAM, CREEN EN LA INMORTALIDAD DEL ALMA Y EN LA RESURRECCIÓN DE LOS MUERTOS.
- LAS PRINCIPALES RELIGIONES ORIENTALES, HINDUISMO Y BUDISMO, CREEN EN LA REENCARNACIÓN, ES DECIR, LA VUELTA A LA VIDA EN LA TIERRA HASTA ALCANZAR EL NIRVANA.
- LA MAYORÍA DE LA POBLACIÓN DE NUESTRO PAÍS CREE QUE LA MUERTE HA QUEDADO RELEGADA A UN SEGUNDO PLANO Y QUE SOLO SE HABLA DE ELLA EN CIRCUNSTANCIAS ESPECIALES.

Para dialogar

- OBSERVA LAS FOTOGRAFÍAS DE LA PARTE INFERIOR. ¿CÓMO INTERPRETAS LA SECUENCIA DE ESAS TRES IMÁGENES?
- ¿PODRÍAS ESTABLECER ALGÚN TIPO DE RELACIÓN ENTRE EL SIGNIFICADO DE ESAS IMÁGENES Y LA VIDA DE LAS PERSONAS?
- TENIENDO EN CUENTA LA DOCTRINA CRISTIANA SOBRE LA VIDA FUTURA, ¿QUÉ CREES QUE PUEDE SIMBOLIZAR EL ÁRBOL DE LA PARTE SUPERIOR?

Lo que vamos a estudiar

→ LA RESPUESTA DE LA RELIGIÓN AL HECHO DE LA MUERTE.
→ LA ESPERANZA CRISTIANA EN LA RESURRECCIÓN.
→ EL EJEMPLO DE MARÍA, REALIZACIÓN DE LA ESPERANZA.
→ EL SIGNIFICADO DE LA SEGUNDA VENIDA DE JESÚS.

1. El final de una etapa

Cruzar la puerta

Lee estos fragmentos de dos poemas. ¿Qué es la muerte para el sacerdote y poeta Martín Descalzo? ¿Se contradice su opinión con la del filósofo y escritor Unamuno? Explica tu respuesta.

Morir se acaba

Y entonces vio la luz. La luz que entraba
por todas las ventanas de su vida.
Vio que el dolor precipitó la huida
y entendió que la muerte ya no estaba.

Morir, solo es morir. Morir se acaba.
Morir es una hoguera fugitiva.
Es cruzar una puerta a la deriva
y encontrar lo que tanto se buscaba.

José Luis Martín Descalzo

Morir del todo

A Dios no lo necesitamos para que
nos enseñe la verdad de las cosas, ni su belleza...
sino para que nos deje morir del todo.

Miguel de Unamuno

Una gran pregunta

La experiencia de la muerte es, quizá, la experiencia más dura y desconcertante de la vida humana. Somos seres orientados a la vida, y la muerte nos descoloca de tal manera que, no pocas veces, nos rebelamos contra ella y la vivimos como una injusticia.

Ligada a la muerte aparece inmediatamente la pregunta por el más allá: ¿qué hay detrás de la muerte? Así, los problemas de la muerte y del más allá constituyen una de las incógnitas que más angustian al ser humano.

La respuesta de la religión

Todas las religiones sostienen que la vida no acaba cuando morimos físicamente, sino que de algún modo nuestra existencia personal se prolonga después de la muerte. Por eso, en todas las religiones se han desarrollado ritos funerarios y diversos modos de enterramiento.

La creencia básica de las religiones es que las personas somos algo más que nuestro cuerpo material y que, por tanto, nuestro ser personal va más allá de nuestra vida terrena.

La respuesta cristiana

El cristianismo entiende la muerte como un paso de esta vida a una vida eterna e inmortal. Para el cristiano, la persona en su individualidad es sagrada en esta vida y en la futura. En este sentido se afirma la continuidad entre esta vida y la futura que, en definitiva, forman una sola vida en modos diferentes de existencia.

Desde el punto de vista cristiano, la muerte no es solo final, sino inicio de otro modo de existencia, pero continuando siendo nosotros mismos, con nuestra propia individualidad.

El cristianismo no cree en la reencarnación porque considera que cada persona es única e irrepetible y, por tanto, no puede reencarnarse en otro ser.

Schmidt-Rottluff, *Conversaciones sobre la muerte*

Ante el hecho de la muerte surge la pregunta sobre el más allá

2. Esperamos la resurrección

Cristo ha resucitado

Lee estos textos de san Pablo. ¿Cuál es la afirmación central de los mismos? ¿En qué afecta a nuestro futuro ese acontecimiento?

Yo os trasmití, en primer lugar, lo que a mi vez recibí: que Cristo murió por nuestros pecados según las Escrituras; que fue sepultado y resucitó al tercer día según las Escrituras; que se apareció a Pedro y a los doce (*1 Cor 15,3-5*).

Si no hay resurrección de los muertos, tampoco Cristo ha resucitado; y si Cristo no ha resucitado, tanto mi anuncio como vuestra fe carecen de sentido (*1 Cor 15,13-14*).

Cristo ha resucitado de entre los muertos, como anticipo de quienes duermen el sueño de la muerte. Porque lo mismo que por un hombre vino la muerte, también por un hombre ha venido la resurrección de los muertos (*1 Cor 15,20-21*).

HERNANDO LLANOS, *Resurrección*

Jesús, el primer resucitado

Jesús vivió intensamente el amor de Dios y, tras su muerte, Dios lo resucitó; es decir, fue transformado en toda su persona, cuerpo y espíritu; se liberó de todas las limitaciones y sufrimientos y está junto a Dios Padre gozando eternamente de su presencia.

Tras su muerte y su resurrección nos ha abierto ese camino y nos llama constantemente a vivir unidos a él en esta vida y después de la muerte se nos abre la posibilidad de la vida eterna con Dios.

Las preguntas de los cristianos de Corinto

Los fieles de Corinto, comunidad cristiana fundada por Pablo, se preguntaban sobre la resurrección de los muertos y no encontraban respuestas convincentes. De acuerdo en que Cristo hubiera resucitado: era Dios; pero ¿cómo relacionar la resurrección de Jesús con la propia? Se hacían tantas preguntas sobre la resurrección de los muertos a las que no encontraban respuesta que llegaron a negarla. Pablo trata de contestar a estas preguntas.

La respuesta de Pablo

En el capítulo 15 de la primera carta que dirige a los fieles de Corinto, Pablo responde de forma contundente:

- **Cristo resucitó**. Pablo recuerda a los corintios que lo primero que les trasmitió fue que Jesús había resucitado, como lo demuestran las apariciones a Pedro, a los Doce, a Santiago e incluso a él mismo.
- **Todos resucitaremos**. Si Dios ha resucitado a Jesús, afirma Pablo, esto significa que también nos puede resucitar a nosotros, ya que él es el creador de la vida y un Padre capaz de superar el poder destructor de la muerte. El primero en resucitar ha sido Cristo, y su resurrección no es sino la primera y decisiva fase de la resurrección de la humanidad.
- **¿Cómo resucitaremos?** Para responder a las preguntas de si resucitaremos con un cuerpo y con qué cuerpo, Pablo utiliza una analogía: nuestro cuerpo mortal, dice Pablo, es como el grano sembrado en tierra; nuestro cuerpo celestial es como la planta que ha brotado, a la vez distinto de la semilla, y contenido por entero en ella. La condición de los resucitados será de incorruptibilidad, es decir, plenitud de la vida y eliminación de la muerte.

CASPAR DAVID FRIEDRICH, *Mañana de Pascua*

Con su muerte y resurrección, Jesús abre un camino de esperanza

3. María, nuestra esperanza

Elevada al cielo

1 Estos textos pertenecen al Concilio Vaticano II (1962-1965) y fueron escritos unos años después de la proclamación del dogma de la Asunción de María al cielo. ¿Qué características resaltan de María?

> La Virgen, terminado el decurso de su vida terrena, fue asunta en cuerpo y alma a la gloria celestial y fue ensalzada por el Señor como Reina universal con el fin de que se asemejase de forma más plena a su Hijo, Señor de señores y vencedor del pecado y de la muerte.
>
> La Madre de Jesús, glorificada ya en los cielos en cuerpo y alma, es imagen y principio de la Iglesia que habrá de tener su cumplimiento en la vida futura. Precede con su luz al Pueblo de Dios peregrino y es signo de esperanza y de consuelo hasta que llegue el día del Señor.
>
> CONCILIO VATICANO II, *Lumen Gentium*, 59 y 68

2 Observa el cuadro de El Greco y explica el significado del mismo.

EL GRECO, *La Asunción*

Fue elevada en cuerpo y alma a la gloria celestial

La esperanza cristiana

La virtud de la esperanza corresponde al anhelo de felicidad puesto por Dios en el corazón de todos los hombres; protege del desaliento, huye del egoísmo y abre el corazón a las necesidades de los otros.

La esperanza es aguardar confiadamente la bendición de Dios y el encuentro con él; es también el temor de ofenderle y de provocar su castigo.

La esperanza cristiana es la virtud por la que aspiramos al reino de los cielos y a la vida eterna.

La verdadera esperanza es siempre activa. El futuro es para nosotros y no puede realizarse sin nosotros. La esperanza es paciente. Como decía el apóstol Pablo hay que esperar contra toda esperanza porque "Dios tiene poder para cumplir sus promesas".

María, éxito de la creación de Dios

"Nosotros somos viajeros: María está en el punto de llegada. Nos ayuda a vivir el *hasta que él venga*, que convierte en relativos todos nuestros absolutos terrestres. Nos obliga a peregrinar con la mirada fija hacia el cielo, donde ella nos aventaja y nos espera.

María nos llama incesantemente a vivir aquí en la tierra la vida del cielo y a familiarizarnos con este mundo, a la vez tan próximo y tan lejano para nosotros, tan próximo porque está ya con nosotros, tan lejano porque lo olvidamos sin cesar y lo comprendemos muy mal.

La Asunción nos ofrece otra imagen del cielo: nos descubre a la derecha de Cristo resucitado y glorioso, a la Reina del cielo, glorificada en su cuerpo y en su alma. Desde entonces el cielo deja de ser descarnado. Con Cristo y su Madre, la humanidad penetra en el cielo para crear allí un ambiente familiar, un hogar a escala humana.

Al contemplar a María glorificada, la humanidad empieza a sospechar *lo que Dios prepara para aquellos a quienes ama*, y celebra en María el éxito de la creación de Dios".

Cardenal SUENENS

BUONINSEGNA, *La Maestà*

Con Cristo y María, el cielo se convierte en un hogar familiar a escala humana

4. El Señor volverá

La segunda venida de Jesús

Jesús, en su predicación, habló varias veces de que volvería. La primera venida de Jesús corresponde con su nacimiento hace más de dos mil años. Entonces, con su vida y su predicación, empezó un tiempo nuevo.

Podemos decir que en esa primera venida Jesús inició y sembró el reino de Dios, y que volverá cuando acabe la historia. Es lo que los ángeles dicen a los apóstoles en el momento de la ascensión de Jesús. Desconocemos absolutamente cuando se producirá esa segunda venida.

Miguel Ángel, *Juicio universal* (detalle)

El Señor vendrá para examinar del amor

Entre una y otra venida

Entre la primera y la segunda venida de Jesús está el tiempo de la historia. Es el tiempo en el que las personas vamos viviendo a lo largo de los años.

En este tiempo existe una verdadera lucha entre el bien y el mal. Cada persona, según actúe en su vida, hace crecer o no el reino que Jesús inauguró.

La segunda venida de Jesús supondrá también un juicio sobre el mundo. Especialmente los que sufren alcanzarán la liberación definitiva.

Cómo y cuándo será el retorno de Cristo

El Nuevo Testamento habla de un día glorioso que marcará el triunfo de Dios por su Hijo Jesús. Entonces tendrá lugar el restablecimiento de todas las cosas con miras a la salvación y a la transformación gloriosa de nuestros cuerpos.

El pasaje que de forma más completa habla de la venida del Señor se encuentra en los capítulos 24 y 25 de Mateo. La respuesta que Jesús da a quienes le preguntan sobre lo que sucederá se pueden resumir de esta manera:

- **Señales de la venida de Cristo**. En un lenguaje apocalíptico, Jesús habla de la aparición de falsos profetas, catástrofes cósmicas, enfrentamientos entre los pueblos, miserias generalizadas. Lo que Jesús quiere dejar claro es que esa venida se podrá distinguir fácilmente. Será tan clara como un relámpago en la oscuridad.
- **¿Cuándo ocurrirá?** Jesús dice que "en cuanto al día y la hora nadie sabe nada, ni los ángeles del cielo, ni el Hijo, sino solo el Padre". Lo que hace falta es estar vigilantes. Y lo explica con tres expresivas parábolas: la del criado infiel, la de las jóvenes previsoras y las descuidadas, y la de los talentos.
- **Cómo vendrá y qué ocurrirá**. Vendrá con gloria para juzgar. En el juicio, el Padre pronunciará, por medio de su Hijo, la palabra definitiva sobre la historia.

Cada persona después de morir recibe el balance de su propia vida. Este juicio lo expresó Jesús muy bien en el evangelio de san Mateo (*Mt 25,31-46*) donde aparece un juez que realiza el juicio final, que no es como el que hacen los jueces humanos sino como el que hace un Padre misericordioso.

Los que hayan vivido el amor de Dios en esta vida, permanecerán en la presencia de Dios. Los que renuncien de manera radical y consciente a ese amor de Dios se verán privados de su presencia. Es lo que llamamos cielo e infierno, que no son lugares sino estados de vivencia.

Giotto, *Juicio final* (detalle)

Aquellos que hayan vivido en el amor de Dios permanecerán eternamente en él

Síntesis

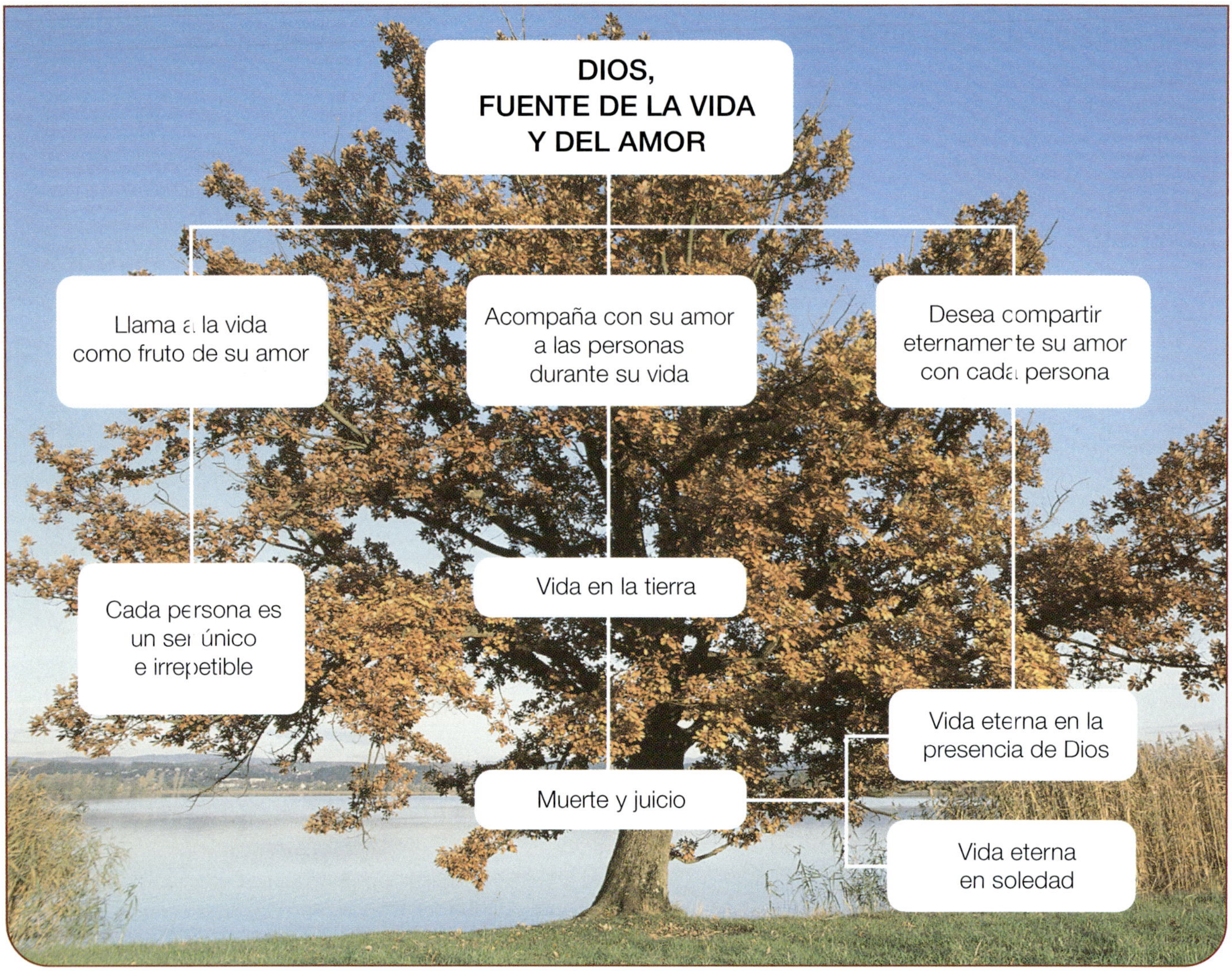

COMPRUEBA LO QUE SABES

1. Completa las siguientes afirmaciones estudiadas en esta unidad con la palabra adecuada.

único, consuelo, Señor, eterna, inmortal, esperanza, juicio, Cristo

1. Cada persona es un ser _____ e irrepetible.
2. El cristiano entiende la muerte como el paso a una vida _______ e _________.
3. Si no hay resurrección de los muertos, tampoco ______ ha resucitado.
4. María es signo de esperanza y de _______ hasta que llegue el día del _______.
5. La virtud por la que aspiramos al reino de los cielos se llama __________.
6. La segunda venida de Jesús supondrá también un _________ sobre el mundo.

2. Explica el significado de las siguientes palabras y expresiones aparecidas en esta unidad.

1	Tiempo de la historia	
2	Muerte	
3	Resurrección	
4	Condición de los resucitados	
5	Esperanza activa	
6	Segunda venida	
7	Juicio	
8	Cielo	
9	Ascensión	
10	Asunción	

1. En una carta a los ancianos, el papa Juan Pablo II les hablaba de la muerte y del más allá. Aquí tienes algunos fragmentos. ¿Qué sentimientos mostraba ante la muerte? ¿Qué esperanza le animaba?

> "Aún cuando la muerte sea racionalmente comprensible bajo el aspecto biológico, no es posible vivirla como algo que nos resulta "natural". Contrasta con el instinto más profundo del hombre. A este propósito ha dicho el Concilio Vaticano II: 'Ante la muerte, el enigma de la condición humana alcanza su culmen'.
>
> A pesar de las limitaciones que me han sobrevenido con la edad conservo el gusto de la vida. Doy gracias a Dios por ello. Es hermoso gastarse hasta el final por la causa del Reino de Dios.
>
> Al mismo tiempo encuentro una gran paz al pensar en el momento que Dios me llame: ¡de vida a vida! Por eso, a menudo me viene a los labios, sin asomo de tristeza alguna, una oración que el sacerdote recita después de la celebración eucarística: en la hora de mi muerte llámame y mándame ir a ti. Es la oración de la esperanza cristiana, que nada quita a la alegría de la hora presente, sino que pone el futuro en manos de la divina bondad".

2. Lee los capítulos 24 y 25 del evangelio de Mateo y completa en tu cuaderno la tabla siguiente.

Señales de la segunda venida de Cristo	
Cuándo ocurrirá	
Cómo vendrá y qué sucederá	

3. En el siguiente texto de *Mt 25* se han perdido casi todas las vocales. Escribe y completa el texto en tu cuaderno.

"V_n_d b_nd_t_s d_ m_ P_dr_, t_m_d p_s_s_ón d_l re_n_ pr_p_r_d_ p_r_ v_s_tr_s d_sd_ l_ cre_c_ón d_l m_nd_. P_rqu_ t_v_ h_mbr_ y m_ d_ste_s d_ c_m_r; t_v_ s_d y m_ d_ste_s d_ b_b_r; _r_ f_r_st_r_ y m_ _l_j_ste_s; _st_b_ d_sn_d_ y m_ v_st_ste_s; _nf_rm_ y m_ v_s_t_ste_s; _n l_ c_rc_l y fu_ste_s _ v_rm_".

4. ¿Qué te llama la atención de estas viñetas? ¿Encuentras relación con alguno de los textos bíblicos estudiados?

JOSÉ LUIS CORTÉS, *Un Dios llamado Abba*. Madrid, PPC

5. Completa el siguiente texto del Compendio del Catecismo de la Iglesia Católica en el que se define qué es la vida eterna.

muerte, eterna, vida, fin, particular, Cristo, muertos, final

"La vida ______ es la que comienza inmediatamente después de la ______. Esta______ no tendrá ____será precedida para cada uno por un juicio ________ por ______, juez de vivos y______, y será ratificada en el juicio______" (Compendio CIC nº. 207).

en la red

www.conferenciaepiscopal.es/servicios/testamentovital.htm

En esta página encuentras el texto de un testamento vital en el que se opta por una muerte digna.

www.fespinal.com

Te puedes descargar gratuitamente el cuaderno de *Cristianisme i justícia* n.º 119, de JOAQUIM MENACHO, *¿El cielo puede esperar?*

PROYECTO DIDÁCTICO
Equipo didáctico de Ediciones SM/PPC

AUTORES
Javier Cortés
Miguel Ángel Cortés
Samuel Forcada

REVISIÓN PEDAGÓGICA
Gaspar Castaño

DISEÑO
Alfonso Ruano, Julio Sánchez

MAQUETA
Equipo SM

FOTOGRAFÍA
Javier Calbet, Sonsoles Prada, Sergio Cuesta, Olimpia Torres, Yolanda Álvarez, José Manuel Navia / Archivo SM; Pedro Carrión; Luis Agromayor; José Vicente Resino; Almudena Esteban; Alberto Bueno; H. Donnezan; Wiesenhofer, Erich Soder / CD GALLERY; M. Brambatti, Juan Medina, J. G. Morell / EFE; Erich Lessing, ARCHIVE REUTERS / ALBUM; J. Vollers / PHOTONICA - GETTY IMAGES; Suza Scalora / SIPA-PRESS; Christopher Conrado, Mel Curtis, Mickael David, Doug Menuez, David Buffington, Jack Hollingsworth, Ryan McVay, Janis Christie, Lawrence Lawry, Steve Cole, Jeremy Woodhouse, PHOTOLINK / PHOTODISC; CORBIS / COVER; AGE FOTOSTOCK; ORONOZ; PRISMA; STOCK PHOTOS; DIGITAL VISION; IMAGE SOURCE

CARTOGRAFÍA E ILUSTRACIÓN
Departamento de Geografía (Universidad de Alcalá de Henares)
bajo la responsabilidad de Francisco J. Escobar y Mª Jesús Salado García.
Carlos Puerta

EDICIÓN
Óscar Alonso, José Laguna

COORDINACION EDITORIAL
Gaspar Castaño

DIRECCION EDITORIAL
Luis Aranguren Gonzalo

Dos de los discípulos se dirigían a una aldea llamada **Emaús**, que dista de Jerusalén unos once kilómetros. Iban hablando de todos estos sucesos. Mientras hablaban y se hacían preguntas, Jesús se acercó y se puso a caminar con ellos *(Lc 24,13-15)*.

Este libro corresponde al tercer curso de Educación Secundaria y forma parte de los materiales curriculares del proyecto editorial de Ediciones SM/PPC, que ha sido debidamente supervisado y autorizado por la Comisión Episcopal de Enseñanza y Catequesis, el 13 de marzo de 2007.

ISBN: 978-84-675-1660-9
Depósito legal: M-4359-2008 / Gráficas Monterreina, S.A. Cabo de Gata, 1-3. 28320 Pinto (Madrid)
Impreso en España / *Printed in Spain*